U0164907

标准日语

初级词汇

刷词手册

新东方日语研究中心　编著

下　册

中国出版集团有限公司

世界图书出版公司
北京　广州　上海　西安

前言

まえがき

　　无论学习哪种外语，词汇都是非常重要的，是听、说、读、写等能力的基础。对学习日语的学生来说，掌握日语词汇则尤为重要。新日本语能力考试各个级别的考试中，"文字、词汇"部分直接考查日语汉字对应的假名的写法、假名对应的日语汉字的写法、日语词汇的含义、日语词汇及表达的用法等。此类专门针对词汇进行考查的题型在其他外语考试中是比较少见的，足见新日本语能力考试机构对日语词汇的重视程度。

　　为了帮助日语初级阶段的读者，特别是学习《新版 中日交流标准日本语初级上、下》（以下简称《标日初级》）的读者牢固掌握日语初级阶段的词汇，我们精心编写了此书，希望能对大家的词汇学习有所帮助。

本书有以下几个特点：

❶ 本书分为上、下两册，包括 12 个单元，共 48 课内容。每课均包括重点单词学一学、写出假名对应的日语汉字、写出日语汉字对应的假名、写出中文对应的日语单词或表达、听写练习以及返记词汇列表 6 个部分。大家可通过多种题型的练习，对单词进行检测和复习，达到牢固掌握的目的。

❷ 本书在每单元后设置了一个单元测试，测试题型与新日本语能力考试"文字、词汇"部分的题型相同，测试内容为本单元学过的生词，测试题目中涉及的语法点为《标日初级》教材中相应单元中学过的语法。大家可通过该部分的习题，测试对本单元单词的掌握情况并复习语法知识。

❸ 本书补充了 500 个在新日本语能力考试 N4、N5 级别中常考、考生必备的初级词汇，帮助大家在牢固掌握《标日初级》教材中的词汇的同时，为备战新日本语能力考试打好词汇基础。

❹ 本书上册附有两套 N5 级别的"文字、词汇"模拟题，下册附有两套 N4 级别的"文字、词汇"模拟题。模拟题的题型与真题一致，难度与真题相当，方便大家对学过的内容进行强化训练，提高实战和应用能力。

❺ 本书单词配有音频，由日籍专业播音员朗读，语音、语调均为标准东京日本语，方便大家进行跟读练习，强化单词记忆，提高听说能力。

衷心希望本书能够帮助大家牢固掌握初级日语词汇，祝愿每一位初级日语学习者在日语学习的道路上顺利前行，学有所成！

编者

目录

もくじ

第十一单元 ユニット ⑪

第十二单元 ユニット ⑫

第25课

音
频

🪭 **重点单词学一学**

01 数学（すうがく）⓪
[名] 数学 ＿＿＿＿＿＿

02 専門（せんもん）⓪
[名] 专门，专业 ＿＿＿＿＿＿

03 女優（じょゆう）⓪
[名] 女演员 ＿＿＿＿＿＿

04 営業課（えいぎょうか）⓪
[名] 营业科 ＿＿＿＿＿＿

05 市街（しがい）①
[名] 市内，市街，繁华街道
＿＿＿＿＿＿

06 道路（どうろ）①
[名] 道路，马路 ＿＿＿＿＿＿

07 交通量（こうつうりょう）③
[名] 交通流量，通行量
＿＿＿＿＿＿

08 空港（くうこう）⓪
[名] 机场 ＿＿＿＿＿＿

09 高速道路（こうそくどうろ）⑤
[名] 高速公路 ＿＿＿＿＿＿

10 部品工場（ぶひんこうじょう）④
[名] 零件制造厂 ＿＿＿＿＿＿

11 エレベーター③
[名] 电梯 ＿＿＿＿＿＿

12 絵本（えほん）②
[名] 图画书，连环画，绘本
＿＿＿＿＿＿

13 自然（しぜん）⓪
[名] 大自然 ＿＿＿＿＿＿

14 給料（きゅうりょう）①
[名] 工资 ＿＿＿＿＿＿

15 今夜（こんや）①
[名] 今天晚上 ＿＿＿＿＿＿

16 けが②
[名] 伤 ＿＿＿＿＿＿

17 時差（じさ）①
[名] 时差 ＿＿＿＿＿＿

18 泊まります（とまります）④
[动1] 住，过夜，住宿
＿＿＿＿＿＿

19 結びます（むすびます）④
[动1] 连接，系 ＿＿＿＿＿＿

20 取ります（とります）③
[动1] 印，记下 ＿＿＿＿＿＿

21 生まれます（うまれます）④
[动2] 出生，诞生 ＿＿＿＿＿＿

22 倒産します（とうさんします）⑥
[动3] 倒闭，破产 ＿＿＿＿＿＿

23　渋滞します（じゅうたいします）⑥
　　［动3］堵车，停滞 _____

24　チェックします①
　　［动3］确认，核对 _____

25　豊か（ゆたか）①
　　［形2］充裕的，丰富的 _____

26　大きな（おおきな）①
　　［连体］大的 _____

27　小さな（ちいさな）①
　　［连体］小的 _____

28　別に（べつに）⓪
　　［副］并不 _____

29　このあたり③
　　这一带，这附近 _____

一、请写出假名对应的日语汉字

01　しぜん _____
02　えほん _____
03　どうろ _____
04　しがい _____
05　くうこう _____
06　きゅうりょう _____
07　こうつうりょう _____
08　じょゆう _____
09　すうがく _____
10　せんもん _____
11　じさ _____
12　こんや _____
13　ゆたか _____
14　べつに _____
15　むすびます _____
16　とります _____
17　とまります _____
18　うまれます _____
19　じゅうたいします _____
20　とうさんします _____

二、请写出日语汉字对应的假名

01　専門 _____
02　女優 _____
03　営業課 _____
04　部品工場 _____
05　高速道路 _____
06　交通量 _____
07　空港 _____
08　給料 _____
09　市街 _____
10　自然 _____
11　今夜 _____
12　時差 _____
13　大きな _____
14　小さな _____
15　結びます _____
16　泊まります _____
17　倒産します _____
18　渋滞します _____
19　別に _____
20　豊か _____

三、请写出中文对应的日语单词或表达

01 伤 _____
02 电梯 _____
03 机场 _____
04 数学 _____
05 图画书,连环画,绘本 _____
06 并不 _____
07 充裕的,丰富的 _____
08 确认,核对 _____
09 工资 _____
10 今天晚上 _____

11 住,过夜,住宿 _____
12 印,记下 _____
13 连接,系 _____
14 交通流量,通行量 _____
15 高速公路 _____
16 堵车,停滞 _____
17 出生,诞生 _____
18 这一带,这附近 _____
19 零件制造厂 _____
20 倒闭,破产 _____

四、听写练习

音频

01 _____ 02 _____ 03 _____ 04 _____

05 _____ 06 _____ 07 _____ 08 _____

09 _____ 10 _____ 11 _____ 12 _____

13 _____ 14 _____ 15 _____ 16 _____

🪭 返记词汇列表

01 □ 数学
02 □ 専門
03 □ 女優
04 □ 営業課
05 □ 市街
06 □ 道路
07 □ 交通量
08 □ 空港
09 □ 高速道路
10 □ 部品工場

11 □ エレベーター
12 □ 絵本
13 □ 自然
14 □ 給料
15 □ 今夜
16 □ けが
17 □ 時差
18 □ 泊まります
19 □ 結びます
20 □ 取ります

21 □ 生まれます
22 □ 倒産します
23 □ 渋滞します
24 □ チェックします
25 □ 豊か
26 □ 大きな
27 □ 小さな
28 □ 別に
29 □ このあたり

音频

🌸 重点单词学一学

01 大雨（おおあめ）③
[名] 大雨 _____

02 桜（さくら）⓪
[名] 櫻花 _____

03 風（かぜ）⓪
[名] 风 _____

04 月（つき）②
[名] 月亮 _____

05 表（ひょう）⓪
[名] 表 _____

06 握手（あくしゅ）①
[名] 握手 _____

07 習慣（しゅうかん）⓪
[名] 习惯 _____

08 お辞儀（おじぎ）⓪
[名] 鞠躬 _____

09 あいさつ①
[名] 寒暄 _____

10 手（て）①
[名] 手 _____

11 お客さん（おきゃくさん）⓪
[名] 顾客，客人 _____

12 普通（ふつう）⓪
[名] 一般，普通 _____

13 次（つぎ）②
[名] 下面，下回 _____

14 スーパー①
[名] 超市 _____

15 料金（りょうきん）①
[名] 费用 _____

16 会費（かいひ）⓪
[名] 会费 _____

17 バーゲン①
[名] 降价出售 _____

18 クレジットカード⑥
[名] 信用卡 _____

19 色鉛筆（いろえんぴつ）③
[名] 彩色铅笔 _____

20 豊作（ほうさく）⓪
[名] 丰收 _____

21 仲（なか）①
[名] 关系；友情，友谊
_____

22 忘れ物（わすれもの）⓪
[名] 忘记的东西，遗忘的物品
_____

23 防ぎます（ふせぎます）④
[动1] 防御，防备，防守
_____

24 回ります（まわります）④
[动1] 走访；转；绕弯
_____

25 走ります（はしります）④
[动1] 跑，奔跑 _____

26	吹きます（ふきます）③ ［动1］吹 _____	34	もしかしたら① ［副］也许 _____
27	挙げます（あげます）③ ［动2］举，举起 _____	35	つい① ［副］不知不觉地，无意中 _____
28	足ります（たります）③ ［动2］足，够 _____	36	すぐに① ［副］就要，立刻，马上 _____
29	スケッチします② ［动3］素描，写生 _____	37	ほとんど② ［副］大部分，几乎 _____
30	発言します（はつげんします）⑥ ［动3］发言 _____	38	それで⓪ ［连］因此 _____
31	優勝します（ゆうしょうします）⑥ ［动3］得冠军 _____	39	あいさつ回り（あいさつまわり）⑤ 寒暄拜访 _____
32	合格します（ごうかくします）⑥ ［动3］及格，合格 _____	40	いけない⓪ 不行，不好，不可以 _____
33	約束します（やくそくします）⑥ ［动3］约定 _____		

一、请写出假名对应的日语汉字

01	つぎ _____	11	わすれもの _____
02	つき _____	12	かいひ _____
03	さくら _____	13	りょうきん _____
04	おおあめ _____	14	ふきます _____
05	おじぎ _____	15	たります _____
06	あくしゅ _____	16	はしります _____
07	しゅうかん _____	17	まわります _____
08	ふつう _____	18	やくそくします _____
09	ほうさく _____	19	はつげんします _____
10	おきゃくさん _____	20	ゆうしょうします _____

二、请写出日语汉字对应的假名

01	手 _____	04	次 _____
02	表 _____	05	風 _____
03	仲 _____	06	吹きます _____

07 | 防ぎます _____
08 | 挙げます _____
09 | 握手 _____
10 | お辞儀 _____
11 | 普通 _____
12 | 習慣 _____
13 | 料金 _____

14 | 色鉛筆 _____
15 | 足ります _____
16 | 回ります _____
17 | 合格します _____
18 | 約束します _____
19 | 優勝します _____
20 | あいさつ回り _____

三、请写出中文对应的日语单词或表达

01 | 樱花 _____
02 | 月亮 _____
03 | 大雨 _____
04 | 风 _____
05 | 寒暄 _____
06 | 握手 _____
07 | 鞠躬 _____
08 | 超市 _____
09 | 会费 _____
10 | 降价出售 _____
11 | 信用卡 _____
12 | 关系；友情，友谊 _____
13 | 下面，下回 _____
14 | 忘记的东西，遗忘的物品 _____
15 | 吹 _____

16 | 约定 _____
17 | 防御，防备，防守 _____
18 | 走访；转；绕弯 _____
19 | 跑，奔跑 _____
20 | 举，举起 _____
21 | 足，够 _____
22 | 得冠军 _____
23 | 发言 _____
24 | 及格，合格 _____
25 | 不知不觉地，无意中 _____
26 | 就要，立刻，马上 _____
27 | 大部分，几乎 _____
28 | 因此 _____
29 | 不行，不好，不可以 _____
30 | 寒暄拜访 _____

四、听写练习

音频

01 | _____
02 | _____
03 | _____
04 | _____

05 | _____
06 | _____
07 | _____
08 | _____

09 | _____
10 | _____
11 | _____
12 | _____

13 | _____
14 | _____
15 | _____
16 | _____

🔖 返记词汇列表

01 □ 大雨	15 □ 料金	29 □ スケッチします
02 □ 桜	16 □ 会費	30 □ 発言します
03 □ 風	17 □ バーゲン	31 □ 優勝します
04 □ 月	18 □ クレジットカード	32 □ 合格します
05 □ 表	19 □ 色鉛筆	33 □ 約束します
06 □ 握手	20 □ 豊作	34 □ もしかしたら
07 □ 習慣	21 □ 仲	35 □ つい
08 □ お辞儀	22 □ 忘れ物	36 □ すぐに
09 □ あいさつ	23 □ 防ぎます	37 □ ほとんど
10 □ 手	24 □ 回ります	38 □ それで
11 □ お客さん	25 □ 走ります	39 □ あいさつ回り
12 □ 普通	26 □ 吹きます	40 □ いけない
13 □ 次	27 □ 挙げます	
14 □ スーパー	28 □ 足ります	

音频

🔖 重点单词学一学

01 経済（けいざい）①
[名] 经济 ＿＿＿＿＿＿＿

02 大勢（おおぜい）③
[名] 许多，众多 ＿＿＿＿＿＿＿

03 高校（こうこう）⓪
[名] 高中 ＿＿＿＿＿＿＿

04 日記（にっき）⓪
[名] 日记 ＿＿＿＿＿＿＿

05 教師（きょうし）①
[名] 教师 ＿＿＿＿＿＿＿

06 お年寄り（おとしより）⓪
[名] 老年人 ＿＿＿＿＿＿＿

07 ラジオ体操（ラジオたいそう）④
[名] 广播体操 ＿＿＿＿＿＿＿

08 卓球（たっきゅう）⓪
[名] 乒乓球 ＿＿＿＿＿＿＿

09 バスケットボール⑥
[名] 篮球 ＿＿＿＿＿＿＿

10 スポーツセンター⑤
[名] 体育中心 ＿＿＿＿＿＿＿

11　入園料（にゅうえんりょう）③
[名] 门票，入园费 _____

12　有料（ゆうりょう）⓪
[名] 收费 _____

13　賞（しょう）①
[名] 奖 _____

14　曲（きょく）⓪
[名] 乐曲，歌曲 _____

15　詩（し）⓪
[名] 诗歌 _____

16　信号（しんごう）⓪
[名] 信号，红绿灯 _____

17　はさみ③
[名] 剪刀 _____

18　部品（ぶひん）⓪
[名] 零部件 _____

19　アルバイト③
[名] 打工，副业，工读 _____

20　スピーチ②
[名] 演说，演讲 _____

21　グラフ①
[名] 图表 _____

22　企画（きかく）⓪
[名] 策划，计划 _____

23　説明（せつめい）⓪
[名] 说明 _____

24　ご飯（ごはん）①
[名] 饭 _____

25　砂糖（さとう）②
[名] 砂糖 _____

26　海外旅行（かいがいりょこう）⑤
[名] 海外旅行 _____

27　こと②
[名] 事情 _____

28　おじいさん②
[代] 爷爷；老爷爷 _____

29　おばあさん②
[代] 奶奶；老奶奶 _____

30　姉（あね）⓪
[代] 姐姐 _____

31　通います（かよいます）④
[动1] 上学；来往 _____

32　集まります（あつまります）⑤
[动1] 聚，集合 _____

33　踊ります（おどります）④
[动1] 跳舞 _____

34　要ります（いります）③
[动1] 要 _____

35　困ります（こまります）④
[动1] 为难，难办 _____

36　たたきます④
[动1] 拍，敲，打 _____

37　入れます（いれます）③
[动2] 放入，放进 _____

38　看病します（かんびょうします）①
[动3] 护理 _____

39　けんかします⑤
[动3] 吵架，打架 _____

40　利用します（りようします）⑤
[动3] 利用 _____

41　相談します（そうだんします）⑥
[动3] 商谈 _____

42　ほかに⓪
[副] 另外 _____

43 | しばらく ②
[副] 许久，好久；片刻 ＿＿＿＿＿＿＿

44 | この前（このまえ）③
前几天，之前，最近 ＿＿＿＿＿＿＿

45 | そう言えば（そういえば）④
说起来，这么说来 ＿＿＿＿＿＿＿

46 | 気がつきます（きがつきます）⑤
察觉 ＿＿＿＿＿＿＿

47 | しばらくです ②
好久不见 ＿＿＿＿＿＿＿

一、请写出假名对应的日语汉字

01 | あね ＿＿＿＿＿＿＿

02 | にっき ＿＿＿＿＿＿＿

03 | さとう ＿＿＿＿＿＿＿

04 | こうこう ＿＿＿＿＿＿＿

05 | きょうし ＿＿＿＿＿＿＿

06 | ぶひん ＿＿＿＿＿＿＿

07 | けいざい ＿＿＿＿＿＿＿

08 | しんごう ＿＿＿＿＿＿＿

09 | せつめい ＿＿＿＿＿＿＿

10 | きかく ＿＿＿＿＿＿＿

11 | おおぜい ＿＿＿＿＿＿＿

12 | ゆうりょう ＿＿＿＿＿＿＿

13 | にゅうえんりょう ＿＿＿＿＿＿＿

14 | いれます ＿＿＿＿＿＿＿

15 | いります ＿＿＿＿＿＿＿

16 | こまります ＿＿＿＿＿＿＿

17 | おどります ＿＿＿＿＿＿＿

18 | あつまります ＿＿＿＿＿＿＿

19 | そうだんします ＿＿＿＿＿＿＿

20 | かんびょうします ＿＿＿＿＿＿＿

二、请写出日语汉字对应的假名

01 | 賞 ＿＿＿＿＿＿＿

02 | 詩 ＿＿＿＿＿＿＿

03 | 曲 ＿＿＿＿＿＿＿

04 | 日記 ＿＿＿＿＿＿＿

05 | 教師 ＿＿＿＿＿＿＿

06 | ご飯 ＿＿＿＿＿＿＿

07 | 信号 ＿＿＿＿＿＿＿

08 | 説明 ＿＿＿＿＿＿＿

09 | 企画 ＿＿＿＿＿＿＿

10 | 卓球 ＿＿＿＿＿＿＿

11 | 大勢 ＿＿＿＿＿＿＿

12 | お年寄り ＿＿＿＿＿＿＿

13 | ラジオ体操 ＿＿＿＿＿＿＿

14 | 海外旅行 ＿＿＿＿＿＿＿

15 | この前 ＿＿＿＿＿＿＿

16 | 経済 ＿＿＿＿＿＿＿

17 | 通います ＿＿＿＿＿＿＿

18 | 利用します ＿＿＿＿＿＿＿

19 | 看病します ＿＿＿＿＿＿＿

20 | 相談します ＿＿＿＿＿＿＿

三、请写出中文对应的日语单词或表达

01 砂糖 _____ 16 要 _____

02 高中 _____ 17 跳舞 _____

03 经济 _____ 18 聚，集合 _____

04 图表 _____ 19 上学；来往 _____

05 演说，演讲 _____ 20 放入，放进 _____

06 打工，副业，工读 _____ 21 拍，敲，打 _____

07 姐姐 _____ 22 吵架，打架 _____

08 奶奶；老奶奶 _____ 23 为难，难办 _____

09 爷爷；老爷爷 _____ 24 商谈 _____

10 老年人 _____ 25 护理 _____

11 剪刀 _____ 26 另外 _____

12 篮球 _____ 27 说起来，这么说来 _____

13 广播体操 _____ 28 察觉 _____

14 体育中心 _____ 29 前几天，之前，最近 _____

15 海外旅行 _____ 30 好久不见 _____

四、听写练习 音频

01 _____ 02 _____ 03 _____ 04 _____

05 _____ 06 _____ 07 _____ 08 _____

09 _____ 10 _____ 11 _____ 12 _____

13 _____ 14 _____ 15 _____ 16 _____

返记词汇列表

01 □ 経済 06 □ お年寄り 11 □ 入園料

02 □ 大勢 07 □ ラジオ体操 12 □ 有料

03 □ 高校 08 □ 卓球 13 □ 賞

04 □ 日記 09 □ バスケットボール 14 □ 曲

05 □ 教師 10 □ スポーツセンター 15 □ 詩

16	☐ 信号	27	☐ こと	38	☐ 看病します
17	☐ はさみ	28	☐ おじいさん	39	☐ けんかします
18	☐ 部品	29	☐ おばあさん	40	☐ 利用します
19	☐ アルバイト	30	☐ 姉	41	☐ 相談します
20	☐ スピーチ	31	☐ 通います	42	☐ ほかに
21	☐ グラフ	32	☐ 集まります	43	☐ しばらく
22	☐ 企画	33	☐ 踊ります	44	☐ この前
23	☐ 説明	34	☐ 要ります	45	☐ そう言えば
24	☐ ご飯	35	☐ 困ります	46	☐ 気がつきます
25	☐ 砂糖	36	☐ たたきます	47	☐ しばらくです
26	☐ 海外旅行	37	☐ 入れます		

 音频

🪭 重点单词学一学

01 マフラー①
[名] 围巾 _____

02 ネックレス①
[名] 项链 _____

03 家具（かぐ）①
[名] 家具 _____

04 文章（ぶんしょう）①
[名] 文章 _____

05 意味（いみ）①
[名] 意思 _____

06 雰囲気（ふんいき）③
[名] 气氛 _____

07 発音（はつおん）⓪
[名] 发音 _____

08 不動産屋（ふどうさんや）⓪
[名] 房产公司 _____

09 飲食店（いんしょくてん）③
[名] 饮食店 _____

10 大使館（たいしかん）③
[名] 大使馆 _____

11 新居（しんきょ）①
[名] 新居 _____

12 引っ越し（ひっこし）②
[名] 搬家 _____

13 近所（きんじょ）①
[名] 附近 _____

14 孫（まご）②
[名] 孙子；孙女 _____

15 係（かかり）①
[名] 工作人员，主管人员
_____

16 支社長（ししゃちょう）②
[名] 分公司经理 _____

17 就職（しゅうしょく）⓪
[名] 就业 _____

18 インターネット⑤
[名] 互联网 _____

19 拾います（ひろいます）④
[动1] 捡，拾 _____

20 訳します（やくします）④
[动1] 翻译 _____

21 くれます③
[动2] 给 _____

22 届けます（とどけます）④
[动2] 送到，送去 _____

23 案内します（あんないします）③
[动3] 向导，导游 _____

24 交換します（こうかんします）⑥
[动3] 换，交换 _____

25 紹介します（しょうかいします）⑥
[动3] 介绍 _____

26 すてき⓪
[形2] 漂亮的，极好的 _____

27 得意（とくい）②
[形2] 擅长的 _____

28 新鮮（しんせん）⓪
[形2] 新鲜的 _____

29 うまく①
[副] 高明地，很好地 _____

30 それに⓪
[连] 而且 _____

31 どういたしまして①+④
没关系 _____

32 どの辺（どのへん）⓪
哪儿 _____

一、请写出假名对应的日语汉字

01 かぐ _____
02 まご _____
03 いみ _____
04 はつおん _____
05 ぶんしょう _____
06 かかり _____
07 ししゃちょう _____
08 しゅうしょく _____
09 ふんいき _____
10 しんきょ _____
11 ひっこし _____
12 きんじょ _____
13 たいしかん _____
14 ふどうさんや _____
15 いんしょくてん _____
16 しんせん _____
17 やくします _____
18 あんないします _____
19 こうかんします _____
20 しょうかいします _____

二、请写出日语汉字对应的假名

01 新鲜 ＿＿＿＿＿＿＿＿

02 得意 ＿＿＿＿＿＿＿＿

03 近所 ＿＿＿＿＿＿＿＿

04 新居 ＿＿＿＿＿＿＿＿

05 どの辺 ＿＿＿＿＿＿＿＿

06 引っ越し ＿＿＿＿＿＿＿＿

07 不動産屋 ＿＿＿＿＿＿＿＿

08 家具 ＿＿＿＿＿＿＿＿

09 係 ＿＿＿＿＿＿＿＿

10 雰囲気 ＿＿＿＿＿＿＿＿

11 意味 ＿＿＿＿＿＿＿＿

12 発音 ＿＿＿＿＿＿＿＿

13 文章 ＿＿＿＿＿＿＿＿

14 就職 ＿＿＿＿＿＿＿＿

15 届けます ＿＿＿＿＿＿＿＿

16 拾います ＿＿＿＿＿＿＿＿

17 訳します ＿＿＿＿＿＿＿＿

18 案内します ＿＿＿＿＿＿＿＿

19 紹介します ＿＿＿＿＿＿＿＿

20 交換します ＿＿＿＿＿＿＿＿

三、请写出中文对应的日语单词或表达

01 围巾 ＿＿＿＿＿＿＿＿

02 项链 ＿＿＿＿＿＿＿＿

03 孙子；孙女 ＿＿＿＿＿＿＿＿

04 互联网 ＿＿＿＿＿＿＿＿

05 就业 ＿＿＿＿＿＿＿＿

06 工作人员，主管人员 ＿＿＿＿＿＿＿＿

07 分公司经理 ＿＿＿＿＿＿＿＿

08 家具 ＿＿＿＿＿＿＿＿

09 搬家 ＿＿＿＿＿＿＿＿

10 新居 ＿＿＿＿＿＿＿＿

11 附近 ＿＿＿＿＿＿＿＿

12 饮食店 ＿＿＿＿＿＿＿＿

13 大使馆 ＿＿＿＿＿＿＿＿

14 气氛 ＿＿＿＿＿＿＿＿

15 新鲜的 ＿＿＿＿＿＿＿＿

16 擅长的 ＿＿＿＿＿＿＿＿

17 漂亮的，极好的 ＿＿＿＿＿＿＿＿

18 高明地，很好地 ＿＿＿＿＿＿＿＿

19 给 ＿＿＿＿＿＿＿＿

20 捡，拾 ＿＿＿＿＿＿＿＿

21 介绍 ＿＿＿＿＿＿＿＿

22 换，交换 ＿＿＿＿＿＿＿＿

23 翻译 ＿＿＿＿＿＿＿＿

24 文章 ＿＿＿＿＿＿＿＿

25 意思 ＿＿＿＿＿＿＿＿

26 向导，导游 ＿＿＿＿＿＿＿＿

27 送到，送去 ＿＿＿＿＿＿＿＿

28 而且 ＿＿＿＿＿＿＿＿

29 哪儿 ＿＿＿＿＿＿＿＿

30 没关系 ＿＿＿＿＿＿＿＿

01 _____	02 _____	03 _____	04 _____
05 _____	06 _____	07 _____	08 _____
09 _____	10 _____	11 _____	12 _____
13 _____	14 _____	15 _____	16 _____

返记词汇列表

01 □ マフラー	12 □ 引っ越し	23 □ 案内します
02 □ ネックレス	13 □ 近所	24 □ 交換します
03 □ 家具	14 □ 孫	25 □ 紹介します
04 □ 文章	15 □ 係	26 □ すてき
05 □ 意味	16 □ 支社長	27 □ 得意
06 □ 雰囲気	17 □ 就職	28 □ 新鮮
07 □ 発音	18 □ インターネット	29 □ うまく
08 □ 不動産屋	19 □ 拾います	30 □ それに
09 □ 飲食店	20 □ 訳します	31 □ どういたしまして
10 □ 大使館	21 □ くれます	32 □ どの辺
11 □ 新居	22 □ 届けます	

单元测试（七）

もんだい1 ＿＿＿＿＿の ことばは ひらがなで どう かきますか。1・2・3・4から いちばん いい ものを ひとつ えらんで ください。

[1] 日本語が<u>専門</u>の先生が今日休みました。

    1. もんだい   2. せんぱい   3. すうがく   4. せんもん

[2] このあたりはよく<u>渋滞</u>します。

    1. とうさん   2. ゆうしょう   3. じゅうたい   4. はつげん

[3] 日本には握手の<u>習慣</u>がありますか。

    1. しゅかん   2. しゅうかん   3. しょかん   4. しょうかん

[4] 李さんはたぶん試験に<u>合格</u>したでしょう。

    1. ごうかく   2. こうがく   3. れんらく   4. せんたく

[5] 子供たちは<u>踊り</u>ながら歌っています。

    1. いり   2. こまり   3. あつまり   4. おどり

もんだい2　_____の　ことばは　どう　かきますか。1・2・3・4から　いちばん　いい　ものを　ひとつ　えらんで　ください。

[1] <u>あね</u>は私にネックレスをくれました。

    1. 孫   2. 兄   3. 姉   4. 母

[2] 弟は自転車で学校に<u>かよって</u>います。

    1. 行って   2. 通って   3. 拾って   4. 習って

[3] 李さんは小野さんに東京を<u>あんない</u>してもらいました。

    1. 利用   2. 相談   3. 案内   4. 紹介

[4] 今朝、公園を散歩している時、<u>おおぜい</u>の人が集まっているのを見ました。

    1. 女性   2. 男性   3. 多い   4. 大勢

[5] <u>きゅうりょう</u>が高い会社に入りたいです。

    1. 給料   2. 交通量   3. 料金   4. 有料

もんだい3　（　　）に　なにを　いれますか。1・2・3・4から　いちばん　いい　ものを　ひとつ　えらんで　ください。

[1] あそこは昨日（　　）ホテルです。

    1. 動いた   2. 泊まった   3. 入れた   4. 訳した

[2] 日本で買った（　　）を友達にあげました。

    1. お年寄り   2. お土産   3. 大勢   4. おじぎ

[3] 朝早く走るのは（　　）がいいです。

    1. 挨拶   2. なか   3. 気持ち   4. 入園料

[4] コーヒーを飲む（　　）、砂糖を入れます。

    1. 時   2. 頃   3. 先   4. こと

[5] あれは（　　）だれかの忘れ物でしょう。

    1. たぶん   2. そう言えば   3. ほとんど   4. それで

 音频

🪭 **重点单词学一学**

01	質問（しつもん）⓪ [名]提问，问题 ＿＿＿＿＿	13	テレビ講座（テレビこうざ）④ [名]电视讲座 ＿＿＿＿＿
02	場合（ばあい）⓪ [名]场合，情况 ＿＿＿＿＿	14	漢字（かんじ）⓪ [名]汉字 ＿＿＿＿＿
03	迷惑（めいわく）① [名]麻烦 ＿＿＿＿＿	15	戦争（せんそう）⓪ [名]战争 ＿＿＿＿＿
04	鳥（とり）⓪ [名]鸟 ＿＿＿＿＿	16	警官（けいかん）⓪ [名]警察 ＿＿＿＿＿
05	マーク① [名]符号 ＿＿＿＿＿	17	年上（としうえ）⓪ [名]年长者 ＿＿＿＿＿
06	標識（ひょうしき）⓪ [名]标记 ＿＿＿＿＿	18	止まります（とまります）④ [动1]停，停住 ＿＿＿＿＿
07	横断禁止（おうだんきんし）⓪ [名]禁止横穿 ＿＿＿＿＿	19	変わります（かわります）④ [动1]变，转变 ＿＿＿＿＿
08	スピード⓪ [名]速度 ＿＿＿＿＿	20	頑張ります（がんばります）⑤ [动1]拼命努力 ＿＿＿＿＿
09	免許証（めんきょしょう）③ [名]许可证，执照 ＿＿＿＿＿	21	謝ります（あやまります）⑤ [动1]道歉 ＿＿＿＿＿
10	企画書（きかくしょ）⓪ [名]计划书 ＿＿＿＿＿	22	サボります④ [动1]逃学，怠工 ＿＿＿＿＿
11	野球場（やきゅうじょう）⓪ [名]棒球场 ＿＿＿＿＿	23	破ります（やぶります）④ [动1]爽约；打破 ＿＿＿＿＿
12	テーブル⓪ [名]桌子 ＿＿＿＿＿	24	引きます（ひきます）③ [动1]拉，抽 ＿＿＿＿＿

25　守ります（まもります）④
　　[动1] 遵守，保护 ＿＿＿＿＿＿＿

26　答えます（こたえます）④
　　[动2] 回答 ＿＿＿＿＿＿＿

27　逃げます（にげます）③
　　[动2] 逃跑 ＿＿＿＿＿＿＿

28　助けます（たすけます）④
　　[动2] 救助，帮助 ＿＿＿＿＿＿＿

29　付けます（つけます）③
　　[动2] 添加，附加 ＿＿＿＿＿＿＿

30　覚えます（おぼえます）④
　　[动2] 记住，掌握 ＿＿＿＿＿＿＿

31　提出します（ていしゅつします）⑥
　　[动3] 提交，提出 ＿＿＿＿＿＿＿

32　遠慮します（えんりょします）⑤
　　[动3] 客气 ＿＿＿＿＿＿＿

33　シュートします①
　　[动3]（足球）射门；投篮
　　＿＿＿＿＿＿＿

34　注意します（ちゅういします）①
　　[动3] 注意 ＿＿＿＿＿＿＿

35　親しい（したしい）③
　　[形1] 熟悉的，亲切的，亲密的
　　＿＿＿＿＿＿＿

36　乱暴（らんぼう）⓪
　　[形2] 粗暴的 ＿＿＿＿＿＿＿

37　失礼（しつれい）②
　　[形2] 不礼貌的 ＿＿＿＿＿＿＿

38　同じ（おなじ）⓪
　　[形2] 一样的，相同的
　　＿＿＿＿＿＿＿

39　危険（きけん）⓪
　　[形2] 危险的 ＿＿＿＿＿＿＿

40　そんな⓪
　　[连体] 那样的 ＿＿＿＿＿＿＿

41　丁寧に（ていねいに）①
　　[副] 恭敬地；细心地 ＿＿＿＿＿＿＿

42　変わった（かわった）⓪
　　怪 ＿＿＿＿＿＿＿

43　風邪を引きます（かぜをひきます）⑥
　　感冒 ＿＿＿＿＿＿＿

一、请写出假名对应的日语汉字

01　とり ＿＿＿＿＿＿＿

02　かんじ ＿＿＿＿＿＿＿

03　ばあい ＿＿＿＿＿＿＿

04　しつもん ＿＿＿＿＿＿＿

05　めいわく ＿＿＿＿＿＿＿

06　らんぼう ＿＿＿＿＿＿＿

07　しつれい ＿＿＿＿＿＿＿

08　きけん ＿＿＿＿＿＿＿

09　せんそう ＿＿＿＿＿＿＿

10　としうえ ＿＿＿＿＿＿＿

11　けいかん ＿＿＿＿＿＿＿

12　ひょうしき ＿＿＿＿＿＿＿

13　ていねいに ＿＿＿＿＿＿＿

14　まもります ＿＿＿＿＿＿＿

15　やぶります ＿＿＿＿＿＿＿

16　かわります ＿＿＿＿＿＿＿

17　あやまります ＿＿＿＿＿＿＿

18　がんばります ＿＿＿＿＿＿＿

19　えんりょします ＿＿＿＿＿＿＿

20　ちゅういします ＿＿＿＿＿＿＿

二、请写出日语汉字对应的假名

01 同じ _____
02 警官 _____
03 漢字 _____
04 質問 _____
05 企画書 _____
06 免許証 _____
07 テレビ講座 _____
08 横断禁止 _____
09 野球場 _____
10 親しい _____

11 変わった _____
12 引きます _____
13 答えます _____
14 覚えます _____
15 助けます _____
16 付けます _____
17 逃げます _____
18 止まります _____
19 提出します _____
20 風邪を引きます _____

三、请写出中文对应的日语单词或表达

01 符号 _____
02 标记 _____
03 桌子 _____
04 速度 _____
05 场合，情况 _____
06 麻烦 _____
07 许可证，执照 _____
08 逃学，怠工 _____
09 爽约；打破 _____
10 遵守，保护 _____
11 逃跑 _____
12 客气 _____
13 道歉 _____
14 停，停住 _____
15 拉，抽 _____

16 添加，附加 _____
17 救助，帮助 _____
18 拼命努力 _____
19 记住，掌握 _____
20 提交，提出 _____
21 （足球）射门；投篮 _____
22 危险的 _____
23 粗暴的 _____
24 不礼貌的 _____
25 熟悉的，亲切的，亲密的 _____
26 恭敬地；细心地 _____
27 那样的 _____
28 一样的，相同的 _____
29 怪 _____
30 感冒 _____

四、听写练习

01 _____   02 _____   03 _____   04 _____

05	_____	06	_____	07	_____	08	_____
09	_____	10	_____	11	_____	12	_____
13	_____	14	_____	15	_____	16	_____

返记词汇列表

01	☐ 質問	16	☐ 警官	31	☐ 提出します
02	☐ 場合	17	☐ 年上	32	☐ 遠慮します
03	☐ 迷惑	18	☐ 止まります	33	☐ シュートします
04	☐ 鳥	19	☐ 変わります	34	☐ 注意します
05	☐ マーク	20	☐ 頑張ります	35	☐ 親しい
06	☐ 標識	21	☐ 謝ります	36	☐ 乱暴
07	☐ 横断禁止	22	☐ サボります	37	☐ 失礼
08	☐ スピード	23	☐ 破ります	38	☐ 同じ
09	☐ 免許証	24	☐ 引きます	39	☐ 危険
10	☐ 企画書	25	☐ 守ります	40	☐ そんな
11	☐ 野球場	26	☐ 答えます	41	☐ 丁寧に
12	☐ テーブル	27	☐ 逃げます	42	☐ 変わった
13	☐ テレビ講座	28	☐ 助けます	43	☐ 風邪を引きます
14	☐ 漢字	29	☐ 付けます		
15	☐ 戦争	30	☐ 覚えます		

第30课

音频

重点单词学一学

01 宅配便（たくはいびん）⓪
[名] 送货上门服务 _____

02 報告書（ほうこくしょ）⑤
[名] 报告书 _____

03 梅雨（つゆ）⓪
[名] 梅雨 _____

04 秋（あき）①
[名] 秋天，秋季 _____

05 | ピクニック①
[名] 郊游 _____

06 | 行楽地（こうらくち）③
[名] 景点，游览地 _____

07 | ピザ①
[名] 比萨饼 _____

08 | 終電（しゅうでん）⓪
[名] 末班电车 _____

09 | 待合室（まちあいしつ）③
[名] 候诊室，等候室 _____

10 | 患者（かんじゃ）⓪
[名] 病人，患者 _____

11 | 灰皿（はいざら）⓪
[名] 烟灰缸 _____

12 | 吸殻（すいがら）⓪
[名] 烟头，烟灰，烟蒂 _____

13 | 歯（は）①
[名] 牙齿 _____

14 | 彼（かれ）①
[代] 他 _____

15 | そろいます④
[动1] 到齐，齐全 _____

16 | 寄ります（よります）③
[动1] 顺便去；靠近 _____

17 | 開きます（ひらきます）④
[动1] 开，开张 _____

18 | 引っ越します（ひっこします）⑤
[动1] 搬迁，搬家 _____

19 | 迎えます（むかえます）④
[动2] 迎接 _____

20 | 壊れます（こわれます）④
[动2] 出故障，坏 _____

21 | 間違えます（まちがえます）⑤
[动2] 搞错 _____

22 | 出発します（しゅっぱつします）⑥
[动3] 出发 _____

23 | 転職します（てんしょくします）⑥
[动3] 换工作，转行 _____

24 | パンクします⑤
[动3] 轮胎爆裂，撑破 _____

25 | 寂しい（さびしい）③
[形1] 寂寞的 _____

26 | 楽しみ（たのしみ）③
[形2] 愉快的，期待的 _____

27 | 特別（とくべつ）⓪
[形2] 特别的 _____

28 | それでは③／それじゃ③
[连] 那么 _____

29 | 仕方ない（しかたない）④
没有办法 _____

一、请写出假名对应的日语汉字

01 | あき _____
02 | つゆ _____
03 | かれ _____
04 | すいがら _____

05 | はいざら _____
06 | かんじゃ _____
07 | こうらくち _____
08 | しゅうでん _____

09 まちあいしつ ＿＿＿＿＿＿＿＿　　15 よります ＿＿＿＿＿＿＿＿

10 たくはいびん ＿＿＿＿＿＿＿＿　　16 ひらきます ＿＿＿＿＿＿＿＿

11 ほうこくしょ ＿＿＿＿＿＿＿＿　　17 まちがえます ＿＿＿＿＿＿＿＿

12 とくべつ ＿＿＿＿＿＿＿＿　　18 ひっこします ＿＿＿＿＿＿＿＿

13 さびしい ＿＿＿＿＿＿＿＿　　19 しゅっぱつします ＿＿＿＿＿＿＿＿

14 たのしみ ＿＿＿＿＿＿＿＿　　20 てんしょくします ＿＿＿＿＿＿＿＿

二、请写出日语汉字对应的假名

01 歯 ＿＿＿＿＿＿＿＿　　11 行楽地 ＿＿＿＿＿＿＿＿

02 彼 ＿＿＿＿＿＿＿＿　　12 宅配便 ＿＿＿＿＿＿＿＿

03 秋 ＿＿＿＿＿＿＿＿　　13 開きます ＿＿＿＿＿＿＿＿

04 梅雨 ＿＿＿＿＿＿＿＿　　14 迎えます ＿＿＿＿＿＿＿＿

05 終電 ＿＿＿＿＿＿＿＿　　15 壊れます ＿＿＿＿＿＿＿＿

06 待合室 ＿＿＿＿＿＿＿＿　　16 引っ越します ＿＿＿＿＿＿＿＿

07 特別 ＿＿＿＿＿＿＿＿　　17 出発します ＿＿＿＿＿＿＿＿

08 患者 ＿＿＿＿＿＿＿＿　　18 寂しい ＿＿＿＿＿＿＿＿

09 灰皿 ＿＿＿＿＿＿＿＿　　19 楽しみ ＿＿＿＿＿＿＿＿

10 報告書 ＿＿＿＿＿＿＿＿　　20 仕方ない ＿＿＿＿＿＿＿＿

三、请写出中文对应的日语单词或表达

01 秋天，秋季 ＿＿＿＿＿＿＿＿　　11 顺便去；靠近 ＿＿＿＿＿＿＿＿

02 郊游 ＿＿＿＿＿＿＿＿　　12 出发 ＿＿＿＿＿＿＿＿

03 景点，游览地 ＿＿＿＿＿＿＿＿　　13 迎接 ＿＿＿＿＿＿＿＿

04 末班电车 ＿＿＿＿＿＿＿＿　　14 出故障，坏 ＿＿＿＿＿＿＿＿

05 牙齿 ＿＿＿＿＿＿＿＿　　15 轮胎爆裂，撑破 ＿＿＿＿＿＿＿＿

06 比萨饼 ＿＿＿＿＿＿＿＿　　16 搞错 ＿＿＿＿＿＿＿＿

07 愉快的，期待的 ＿＿＿＿＿＿＿＿　　17 换工作，转行 ＿＿＿＿＿＿＿＿

08 寂寞的 ＿＿＿＿＿＿＿＿　　18 搬迁，搬家 ＿＿＿＿＿＿＿＿

09 开，开张 ＿＿＿＿＿＿＿＿　　19 那么 ＿＿＿＿＿＿＿＿

10 到齐，齐全 ＿＿＿＿＿＿＿＿　　20 没有办法 ＿＿＿＿＿＿＿＿

四、听写练习

01	_____	02	_____	03	_____	04	_____
05	_____	06	_____	07	_____	08	_____
09	_____	10	_____	11	_____	12	_____
13	_____	14	_____	15	_____	16	_____

返记词汇列表

01	□ 宅配便	11	□ 灰皿	21	□ 間違えます
02	□ 報告書	12	□ 吸殻	22	□ 出発します
03	□ 梅雨	13	□ 歯	23	□ 転職します
04	□ 秋	14	□ 彼	24	□ パンクします
05	□ ピクニック	15	□ そろいます	25	□ 寂しい
06	□ 行楽地	16	□ 寄ります	26	□ 楽しみ
07	□ ピザ	17	□ 開きます	27	□ 特別
08	□ 終電	18	□ 引っ越します	28	□ それでは / それじゃ
09	□ 待合室	19	□ 迎えます	29	□ 仕方ない
10	□ 患者	20	□ 壊れます		

第31课

重点单词学一学

01 ボタン ⓪
[名] 按钮；纽扣 _____

02 ブローチ ②
[名] 胸针 _____

03 カーテン ①
[名] 窗帘，帘子 _____

04 コンクリート ④
[名] 混凝土，水泥 _____

05 プラスチック ④
[名] 塑胶，塑料 _____

06 ひすい ⓪
[名] 翡翠 _____

07 サービスセンター ⑤
[名] 维修服务中心 _____

08 会员（かいいん）⓪
[名] 会员 _____

09	特典 （とくてん）⓪ [名] 优惠 ＿＿＿＿＿	25	動きます （うごきます）④ [动1] 运转，转动 ＿＿＿＿＿
10	お手洗い （おてあらい）③ [名] 洗手间，厕所 ＿＿＿＿＿	26	生きます （いきます）③ [动2] 活，生存 ＿＿＿＿＿
11	階段 （かいだん）⓪ [名] 楼梯，台阶 ＿＿＿＿＿	27	下ります （おります）③ [动2] 下，下来 ＿＿＿＿＿
12	以降 （いこう）① [名] 以后 ＿＿＿＿＿	28	まとめます④ [动2] 总结，整理；汇集＿＿＿＿＿
13	そば① [名] 旁边 ＿＿＿＿＿	29	フリーズします⑥ [动3] 死机 ＿＿＿＿＿
14	卓球台 （たっきゅうだい）⓪ [名] 乒乓球台 ＿＿＿＿＿	30	故障します （こしょうします）⑤ [动3] 故障，出毛病 ＿＿＿＿＿
15	サイズ① [名] 大小，尺寸 ＿＿＿＿＿	31	美しい （うつくしい）④ [形1] 美丽的 ＿＿＿＿＿
16	人間 （にんげん）⓪ [名] 人，人类 ＿＿＿＿＿	32	うまい② [形1] 高明的；好吃的，可口的 ＿＿＿＿＿
17	白鳥 （はくちょう）⓪ [名] 天鹅 ＿＿＿＿＿	33	詳しい （くわしい）③ [形1] 详细的 ＿＿＿＿＿
18	電源 （でんげん）⓪ [名] 电源 ＿＿＿＿＿	34	自由 （じゆう）② [形2] 随便的，自由的 ＿＿＿＿＿
19	スイカ⓪ [名] 西瓜 ＿＿＿＿＿	35	丁寧 （ていねい）① [形2] 精心的，细心的，恭敬的 ＿＿＿＿＿
20	押します （おします）③ [动1] 按，推，挤 ＿＿＿＿＿	36	きちんと② [副] 好好地；正经地 ＿＿＿＿＿
21	つきます③ [动1] 灯亮，灯开 ＿＿＿＿＿	37	ただし① [连] 不过，只是 ＿＿＿＿＿
22	下がります （さがります）④ [动1] 下降，降低 ＿＿＿＿＿	38	しかし② [连] 可是，但是 ＿＿＿＿＿
23	怒ります （おこります）④ [动1] 生气 ＿＿＿＿＿	39	気持ち悪い （きもちわるい）⑤ 不舒服 ＿＿＿＿＿
24	回します （まわします）④ [动1] 转；传送，传递 ＿＿＿＿＿		

一、请写出假名对应的日语汉字

01 いこう _____
02 かいだん _____
03 かいいん _____
04 でんげん _____
05 にんげん _____
06 とくてん _____
07 はくちょう _____
08 おてあらい _____
09 たっきゅうだい _____
10 まわします _____

11 おします _____
12 おこります _____
13 おります _____
14 さがります _____
15 うごきます _____
16 こしょうします _____
17 うつくしい _____
18 くわしい _____
19 じゆう _____
20 きもちわるい _____

二、请写出日语汉字对应的假名

01 人間 _____
02 会員 _____
03 以降 _____
04 自由 _____
05 丁寧 _____
06 電源 _____
07 階段 _____
08 卓球台 _____
09 お手洗い _____
10 美しい _____

11 詳しい _____
12 生きます _____
13 動きます _____
14 下ります _____
15 下がります _____
16 怒ります _____
17 回します _____
18 押します _____
19 故障します _____
20 気持ち悪い _____

三、请写出中文对应的日语单词或表达

01 胸针 _____
02 按钮；纽扣 _____
03 窗帘，帘子 _____
04 翡翠 _____
05 塑胶，塑料 _____
06 混凝土，水泥 _____
07 维修服务中心 _____

08 死机 _____
09 故障，出毛病 _____
10 转；传送，传递 _____
11 按，推，挤 _____
12 灯亮，打开 _____
13 总结，整理；汇集 _____
14 下降，降低 _____

15 下，下来 _____

16 以后 _____

17 会员 _____

18 优惠 _____

19 旁边 _____

20 洗手间，厕所 _____

21 楼梯，台阶 _____

22 西瓜 _____

23 大小，尺寸 _____

24 高明的；好吃的，可口的

_____

25 详细的 _____

26 精心的，细心的，恭敬的

_____

27 好好地；正经地 _____

28 不过，只是 _____

29 可是，但是 _____

30 不舒服 _____

四、听写练习 音频

01 _____	02 _____	03 _____	04 _____
05 _____	06 _____	07 _____	08 _____
09 _____	10 _____	11 _____	12 _____
13 _____	14 _____	15 _____	16 _____

返记词汇列表

01 □ ボタン	14 □ 卓球台	27 □ 下ります
02 □ ブローチ	15 □ サイズ	28 □ まとめます
03 □ カーテン	16 □ 人間	29 □ フリーズします
04 □ コンクリート	17 □ 白鳥	30 □ 故障します
05 □ プラスチック	18 □ 電源	31 □ 美しい
06 □ ひすい	19 □ スイカ	32 □ うまい
07 □ サービスセンター	20 □ 押します	33 □ 詳しい
08 □ 会員	21 □ つきます	34 □ 自由
09 □ 特典	22 □ 下がります	35 □ 丁寧
10 □ お手洗い	23 □ 怒ります	36 □ きちんと
11 □ 階段	24 □ 回します	37 □ ただし
12 □ 以降	25 □ 動きます	38 □ しかし
13 □ そば	26 □ 生きます	39 □ 気持ち悪い

音频

重点单词学一学

01 列車（れっしゃ）⓪
[名] 火车，列车 _____

02 高速バス（こうそくバス）⑤
[名] 高速公共汽车 _____

03 出発時刻（しゅっぱつじこく）⑤
[名] 出发时间 _____

04 旅行予定（りょこうよてい）④
[名] 旅行计划 _____

05 天気予報（てんきよほう）④
[名] 天气预报 _____

06 台風（たいふう）③
[名] 台风 _____

07 うわさ ⓪
[名] 传说，风言风语 _____

08 宣伝（せんでん）⓪
[名] 宣传 _____

09 番組（ばんぐみ）⓪
[名] 节目 _____

10 新型（しんがた）⓪
[名] 新型 _____

11 ボーナス ①
[名] 奖金 _____

12 ラーメン ①
[名] 面条 _____

13 牛乳（ぎゅうにゅう）⓪
[名] 牛奶 _____

14 正月休み（しょうがつやすみ）⑤
[名] 新年假日 _____

15 スポーツ用品（スポーツようひん）⑤
[名] 体育用品 _____

16 インフルエンザ ⑤
[名] 流感，流行性感冒
_____

17 支店（してん）⓪
[名] 分店，分公司 _____

18 小学校（しょうがっこう）③
[名] 小学 _____

19 遊園地（ゆうえんち）③
[名] 游乐园 _____

20 首相（しゅしょう）⓪
[名] 首相 _____

21 歴史（れきし）⓪
[名] 历史 _____

22 彼女（かのじょ）①
[代] 她 _____

23 行います（おこないます）⑤
[动1] 开，举行 _____

24 上がります（あがります）④
[动1] 提高，涨 _____

25 乗り換えます（のりかえます）⑤
[动2] 换乘 _____

26 辞めます（やめます）③
[动2] 辞去 _____

27 留学します（りゅうがくします）⑥
[动3] 留学 _____

28 入学します（にゅうがくします）⑥
[动3] 入学 _____

29 流行します（りゅうこうします）⑥
[动3] 流行 _____

30 入院します（にゅういんします）⑥
[动3] 住院 _____

31 お邪魔します（おじゃまします）⑤
[动3] 打扰，拜访 _____

32 担当します（たんとうします）⑥
[动3] 承担 _____

33 強い（つよい）②
[形1] 强的，坚强的 _____

34 気さく（きさく）⓪
[形2] 爽快的，坦率的 _____

35 いろんな⓪
[连体] 各种各样的 _____

36 ずっと⓪
[副] 一直，始终 _____

37 お邪魔しました（おじゃましました）⑤
打扰了 _____

38 風が強い（かぜがつよい）⓪+②
风大 _____

一、请写出假名对应的日语汉字

01 れきし _____

02 れっしゃ _____

03 たいふう _____

04 てんきよほう _____

05 りょこうよてい _____

06 しゅっぱつじこく _____

07 してん _____

08 せんでん _____

09 しんがた _____

10 ばんぐみ _____

11 かのじょ _____

12 ぎゅうにゅう _____

13 しょうがっこう _____

14 しょうがつやすみ _____

15 しゅしょう _____

16 つよい _____

17 おこないます _____

18 のりかえます _____

19 たんとうします _____

20 おじゃまします _____

二、请写出日语汉字对应的假名

01 宣伝 _____

02 新型 _____

03 牛乳 _____

04 列車 _____

05 歴史 _____

06 首相 _____

07 小学校 _____

08 高速バス _____

09 天気予報 _____

10 スポーツ用品 _____

11 遊園地 _____

12 気さく _____

13 上がります _____

14 辞めます _____

15	流行します ＿＿＿＿＿＿	18	留学します ＿＿＿＿＿＿
16	入院します ＿＿＿＿＿＿	19	お邪魔しました ＿＿＿＿＿＿
17	入学します ＿＿＿＿＿＿	20	風が強い ＿＿＿＿＿＿

三、请写出中文对应的日语单词或表达

01	她 ＿＿＿＿＿＿	16	各种各样的 ＿＿＿＿＿＿
02	面条 ＿＿＿＿＿＿	17	一直，始终 ＿＿＿＿＿＿
03	台风 ＿＿＿＿＿＿	18	换乘 ＿＿＿＿＿＿
04	新年假日 ＿＿＿＿＿＿	19	火车，列车 ＿＿＿＿＿＿
05	旅行计划 ＿＿＿＿＿＿	20	高速公共汽车 ＿＿＿＿＿＿
06	出发时间 ＿＿＿＿＿＿	21	承担 ＿＿＿＿＿＿
07	天气预报 ＿＿＿＿＿＿	22	开，举行 ＿＿＿＿＿＿
08	游乐园 ＿＿＿＿＿＿	23	提高，涨 ＿＿＿＿＿＿
09	节目 ＿＿＿＿＿＿	24	流行 ＿＿＿＿＿＿
10	分店，分公司 ＿＿＿＿＿＿	25	辞去 ＿＿＿＿＿＿
11	奖金 ＿＿＿＿＿＿	26	住院 ＿＿＿＿＿＿
12	传说，风言风语 ＿＿＿＿＿＿	27	留学 ＿＿＿＿＿＿
13	流感，流行性感冒 ＿＿＿＿＿＿	28	入学 ＿＿＿＿＿＿
14	强的，坚强的 ＿＿＿＿＿＿	29	打扰了 ＿＿＿＿＿＿
15	爽快的，坦率的 ＿＿＿＿＿＿	30	风大 ＿＿＿＿＿＿

四、听写练习 音频

01	＿＿＿＿	02	＿＿＿＿	03	＿＿＿＿	04	＿＿＿＿
05	＿＿＿＿	06	＿＿＿＿	07	＿＿＿＿	08	＿＿＿＿
09	＿＿＿＿	10	＿＿＿＿	11	＿＿＿＿	12	＿＿＿＿
13	＿＿＿＿	14	＿＿＿＿	15	＿＿＿＿	16	＿＿＿＿

返记词汇列表

01	☐ 列車	03	☐ 出発時刻	05	☐ 天気予報
02	☐ 高速バス	04	☐ 旅行予定	06	☐ 台風

07	☐ うわさ	18	☐ 小学校	29	☐ 流行します
08	☐ 宣伝	19	☐ 遊園地	30	☐ 入院します
09	☐ 番組	20	☐ 首相	31	☐ お邪魔します
10	☐ 新型	21	☐ 歴史	32	☐ 担当します
11	☐ ボーナス	22	☐ 彼女	33	☐ 強い
12	☐ ラーメン	23	☐ 行います	34	☐ 気さく
13	☐ 牛乳	24	☐ 上がります	35	☐ いろんな
14	☐ 正月休み	25	☐ 乗り換えます	36	☐ ずっと
15	☐ スポーツ用品	26	☐ 辞めます	37	☐ お邪魔しました
16	☐ インフルエンザ	27	☐ 留学します	38	☐ 風が強い
17	☐ 支店	28	☐ 入学します		

単元測試（八）

もんだい1 ＿＿＿＿＿の ことばは ひらがなで どう かきますか。1・2・3・4から
いちばん いい ものを ひとつ えらんで ください。

[1] 鈴木くん、質問に答えなさい。

1. かんじ　　　　　2. せんもん　　　　　3. もんだい　　　　　4. しつもん

[2] あの標識は「タバコを吸うな」という意味です。

1. ひようしき　　　2. ひょっしき　　　　3. ひょうしき　　　　4. ひょしき

[3] もう終電の時間なので、今日はさきに帰ります。

1. しゅうまつ　　　2. しゅうでん　　　　3. でんげん　　　　　4. しゅうかん

[4] みんなそろったから、そろそろ出発しよう。

1. しゅっぱつ　　　2. てんしょく　　　　3. ていしゅつ　　　　4. ちゅうい

[5] 先生は詳しく説明してくれました。

1. さびしく　　　　2. したしく　　　　　3. くわしく　　　　　4. うつくしく

もんだい2 ＿＿＿＿＿の ことばは どう かきますか。1・2・3・4から いちばん いい ものを ひとつ えらんで ください。

[1] 早くあやまりなさい！
　　1. 守り　　　　　2. 謝り　　　　　3. 破り　　　　　4. 怒り

[2] 秋になると、このこうらくちはいつも人でいっぱいです。
　　1. 公園　　　　　2. 場所　　　　　3. 行楽地　　　　4. 遊園地

[3] えんりょしないで、どうぞ食べて。
　　1. 乱暴　　　　　2. 遠慮　　　　　3. 丁寧　　　　　4. 特別

[4] この道をまっすぐ行くと、しょうがっこうがあります。
　　1. 階段　　　　　2. 待合室　　　　3. 野球場　　　　4. 小学校

[5] ニュースによると、ぎゅうにゅうの値段が上がったそうです。
　　1. 牛乳　　　　　2. 新型　　　　　3. 白鳥　　　　　4. 報告書

もんだい3 （　　）に なにを いれますか。1・2・3・4から いちばん いい ものを ひとつ えらんで ください。

[1] 森さんは東京の吉祥寺というところに（　　）います。
　　1. 住んで　　　　2. 回して　　　　3. まとめて　　　4. 押して

[2] あの人は有名なので、だれでも（　　）。
　　1. 下がります　　2. 行います　　　3. 知っています　4. 担当します

[3] 私はいつも電車で行きます。たまにバスで（　　）ことがあります。
　　1. 乗り換える　　2. 上がる　　　　3. 行く　　　　　4. 出発です

[4] 李さんは（　　）レポートをまとめました。
　　1. 丁寧に　　　　2. 同じで　　　　3. 強く　　　　　4. ずっと

[5] 天気予報によると、明日は（　　）だそうです。
　　1. ボーナス　　　2. インフルエンザ　3. うわさ　　　　4. 曇り

第九单元
ユニット ⑨

第33课 音频

❀ **重点单词学一学**

01 スーツケース ④
[名] 旅行箱 ＿＿＿＿＿＿

02 トランク ②
[名] 后备厢；手提箱，皮箱
＿＿＿＿＿＿

03 スーツ ①
[名] 西服；女套装 ＿＿＿＿＿＿

04 ズボン ②
[名] 裤子 ＿＿＿＿＿＿

05 Ｔシャツ（ティーシャツ）⓪
[名] Ｔ恤衫 ＿＿＿＿＿＿

06 サンダル ⓪
[名] 凉鞋 ＿＿＿＿＿＿

07 帽子（ぼうし）⓪
[名] 帽子 ＿＿＿＿＿＿

08 腕時計（うでどけい）③
[名] 手表 ＿＿＿＿＿＿

09 小物（こもの）⓪
[名] 小东西，细小的附件
＿＿＿＿＿＿

10 運転手（うんてんしゅ）③
[名] 司机 ＿＿＿＿＿＿

11 空（から）②
[名] 空 ＿＿＿＿＿＿

12 運動会（うんどうかい）③
[名] 运动会 ＿＿＿＿＿＿

13 チーム ①
[名] 队，团体 ＿＿＿＿＿＿

14 最後（さいご）①
[名] 最后 ＿＿＿＿＿＿

15 再会（さいかい）⓪
[名] 重逢，再会 ＿＿＿＿＿＿

16 久しぶり（ひさしぶり）⓪
[名] 好久不见 ＿＿＿＿＿＿

17 カキ ⓪
[名] 柿子 ＿＿＿＿＿＿

18 閉まります（しまります）④
[动1] 关闭，关 ＿＿＿＿＿＿

19 壊します（こわします）④
[动1] 弄坏 ＿＿＿＿＿＿

20 割ります（わります）③
[动1] 割开，打破，打坏
＿＿＿＿＿＿

21 付きます（つきます）③
[动1] 附带，附加 ＿＿＿＿＿＿

22 掛かります（かかります）④
[动1] 挂，悬挂 ＿＿＿＿＿＿

23 汚します（よごします）④
[动1] 弄脏 ＿＿＿＿＿＿

24 やみます ③
[动1] 停，停息，停止
＿＿＿＿＿＿

25	建ちます（たちます）③ ［动1］盖，建 ＿＿＿＿＿＿＿	37	汚れます（よごれます）④ ［动2］脏 ＿＿＿＿＿＿＿
26	並びます（ならびます）④ ［动1］排队，排，列队 ＿＿＿＿＿＿＿	38	偉い（えらい）② ［形1］了不起的，伟大的 ＿＿＿＿＿＿＿
27	着きます（つきます）③ ［动1］到，到达 ＿＿＿＿＿＿＿	39	楽（らく）② ［形2］容易的，简单的；快乐的，轻 松的 ＿＿＿＿＿＿＿
28	かぶります④ ［动1］戴 ＿＿＿＿＿＿＿	40	残念（ざんねん）③ ［形2］可惜的，遗憾的 ＿＿＿＿＿＿＿
29	はきます③ ［动1］穿（鞋，裤子）＿＿＿＿＿＿＿	41	急に（きゅうに）⓪ ［副］突然 ＿＿＿＿＿＿＿
30	飼います（かいます）③ ［动1］饲养 ＿＿＿＿＿＿＿	42	全部（ぜんぶ）① ［副］全部 ＿＿＿＿＿＿＿
31	消えます（きえます）③ ［动2］熄灭，消失 ＿＿＿＿＿＿＿	43	相変わらず（あいかわらず）⓪ ［副］照旧，依然 ＿＿＿＿＿＿＿
32	掛けます（かけます）③ ［动2］挂 ＿＿＿＿＿＿＿	44	うっかり③ ［副］不留神，不注意 ＿＿＿＿＿＿＿
33	落ちます（おちます）③ ［动2］落下，掉 ＿＿＿＿＿＿＿	45	それにしても⑤ ［连］即便那样，话虽如此 ＿＿＿＿＿＿＿
34	割れます（われます）③ ［动2］裂开，破裂 ＿＿＿＿＿＿＿	46	お久しぶりです（おひさしぶりです）⑦ 好久不见 ＿＿＿＿＿＿＿
35	建てます（たてます）③ ［动2］盖，建造 ＿＿＿＿＿＿＿		
36	負けます（まけます）③ ［动2］输，败 ＿＿＿＿＿＿＿		

一、请写出假名对应的日语汉字

01	から ＿＿＿＿＿＿＿	07	ざんねん ＿＿＿＿＿＿＿
02	らく ＿＿＿＿＿＿＿	08	うでどけい ＿＿＿＿＿＿＿
03	ぼうし ＿＿＿＿＿＿＿	09	うんてんしゅ ＿＿＿＿＿＿＿
04	こもの ＿＿＿＿＿＿＿	10	うんどうかい ＿＿＿＿＿＿＿
05	さいご ＿＿＿＿＿＿＿	11	ぜんぶ ＿＿＿＿＿＿＿
06	さいかい ＿＿＿＿＿＿＿	12	きえます ＿＿＿＿＿＿＿

13 まけます _____ 　　　17 たてます _____

14 よごします _____ 　　18 えらい _____

15 こわします _____ 　　19 きゅうに _____

16 われます _____ 　　　20 ひさしぶり _____

二、请写出日语汉字对应的假名

01 全部 _____ 　　　　11 掛けます _____

02 残念 _____ 　　　　12 掛かります _____

03 最後 _____ 　　　　13 汚れます _____

04 帽子 _____ 　　　　14 落ちます _____

05 腕時計 _____ 　　　15 建ちます _____

06 運動会 _____ 　　　16 並びます _____

07 運転手 _____ 　　　17 割ります _____

08 飼います _____ 　　　18 閉まります _____

09 着きます _____ 　　　19 相変わらず _____

10 付きます _____ 　　　20 お久しぶりです _____

三、请写出中文对应的日语单词或表达

01 空 _____ 　　　　　17 脏 _____

02 柿子 _____ 　　　　18 弄脏 _____

03 司机 _____ 　　　　19 裂开，破裂 _____

04 旅行箱 _____ 　　　　20 割开，打破，打坏 _____

05 后备厢；手提箱，皮箱 _____ 　21 停，停息，停止 _____

06 小东西，细小的附件 _____ 　22 附带，附加 _____

07 重逢，再会 _____ 　　　23 到，到达 _____

08 队，团体 _____ 　　　　24 突然 _____

09 西服；女套装 _____ 　　　25 了不起的，伟大的 _____

10 T恤衫 _____ 　　　　26 可惜的，遗憾的 _____

11 裤子 _____ 　　　　27 照旧，依然 _____

12 凉鞋 _____ 　　　　28 不留神，不注意 _____

13 穿（鞋，裤子） _____ 　29 容易的，简单的；快乐的，轻松的

14 帽子 _____ 　　　　　_____

15 手表 _____ 　　　　30 即便那样，话虽如此 _____

16 戴 _____

四、听写练习 音频

01	_____	02	_____	03	_____	04	_____
05	_____	06	_____	07	_____	08	_____
09	_____	10	_____	11	_____	12	_____
13	_____	14	_____	15	_____	16	_____

🪭 返记词汇列表

01 ☐ スーツケース	17 ☐ カキ	33 ☐ 落ちます
02 ☐ トランク	18 ☐ 閉まります	34 ☐ 割れます
03 ☐ スーツ	19 ☐ 壊します	35 ☐ 建てます
04 ☐ ズボン	20 ☐ 割ります	36 ☐ 負けます
05 ☐ Tシャツ	21 ☐ 付きます	37 ☐ 汚れます
06 ☐ サンダル	22 ☐ 掛かります	38 ☐ 偉い
07 ☐ 帽子	23 ☐ 汚します	39 ☐ 楽
08 ☐ 腕時計	24 ☐ やみます	40 ☐ 残念
09 ☐ 小物	25 ☐ 建ちます	41 ☐ 急に
10 ☐ 運転手	26 ☐ 並びます	42 ☐ 全部
11 ☐ 空	27 ☐ 着きます	43 ☐ 相変わらず
12 ☐ 運動会	28 ☐ かぶります	44 ☐ うっかり
13 ☐ チーム	29 ☐ はきます	45 ☐ それにしても
14 ☐ 最後	30 ☐ 飼います	46 ☐ お久しぶりです
15 ☐ 再会	31 ☐ 消えます	
16 ☐ 久しぶり	32 ☐ 掛けます	

 音频

重点单词学一学

01　カレンダー②
　　[名] 挂历，日历 ＿＿＿＿＿＿＿

02　ポスター①
　　[名] 宣传画，海报 ＿＿＿＿＿＿＿

03　カレーライス④
　　[名] 咖喱饭 ＿＿＿＿＿＿＿

04　とっておき⓪
　　[名] 珍藏，私藏 ＿＿＿＿＿＿＿

05　本場（ほんば）⓪
　　[名] 原产地，发源地 ＿＿＿＿＿＿＿

06　玄関（げんかん）①
　　[名] 门口，玄关 ＿＿＿＿＿＿＿

07　ロッカー①
　　[名] 橱柜，文件柜 ＿＿＿＿＿＿＿

08　バッグ①
　　[名] 包，手提包 ＿＿＿＿＿＿＿

09　旅行社（りょこうしゃ）②
　　[名] 旅行社 ＿＿＿＿＿＿＿

10　視察団（しさつだん）③
　　[名] 视察团 ＿＿＿＿＿＿＿

11　到着（とうちゃく）⓪
　　[名] 到达，抵达 ＿＿＿＿＿＿＿

12　帰り（かえり）③
　　[名] 回程，返回，回家 ＿＿＿＿＿＿＿

13　持ち帰り（もちかえり）⓪
　　[名] 打包，带回 ＿＿＿＿＿＿＿

14　事故（じこ）①
　　[名] 事故 ＿＿＿＿＿＿＿

15　花束（はなたば）②
　　[名] 花束 ＿＿＿＿＿＿＿

16　発表会（はっぴょうかい）③
　　[名] 发布会 ＿＿＿＿＿＿＿

17　論文（ろんぶん）⓪
　　[名] 论文 ＿＿＿＿＿＿＿

18　ダイエット①
　　[名] 减肥 ＿＿＿＿＿＿＿

19　オリンピック④
　　[名] 奥运会，奥林匹克 ＿＿＿＿＿＿＿

20　あちこち②／あっちこっち③
　　[代] 到处，处处 ＿＿＿＿＿＿＿

21　焼きます（やきます）③
　　[动1] 烤，烧，烧毁 ＿＿＿＿＿＿＿

22　稼ぎます（かせぎます）④
　　[动1] 挣钱，赚钱 ＿＿＿＿＿＿＿

23　残ります（のこります）④
　　[动1] 剩余，剩下 ＿＿＿＿＿＿＿

24　包みます（つつみます）④
　　[动1] 卷，包裹 ＿＿＿＿＿＿＿

25　頼みます（たのみます）④
　　[动1] 点（菜）；请求；托付
　　＿＿＿＿＿＿＿

26　はります③
　　[动1] 粘，贴 ＿＿＿＿＿＿＿

27　飾ります（かざります）④
　　[动1] 装饰 ＿＿＿＿＿＿＿

28　しまいます④
　　[动1] 收拾起来，放到……里边
　　＿＿＿＿＿＿＿

29　合います（あいます）③
　　[动1] 合适，适合 ＿＿＿＿＿＿＿

30　戻します（もどします）④
　　[动1] 放回，返还，返回 ＿＿＿＿＿＿

31　ためます③
　　[动2] 积攒，储存 ＿＿＿＿＿＿＿

32　並べます（ならべます）④
　　[动2] 排列 ＿＿＿＿＿＿＿

33　預けます（あずけます）④
　　[动2] 寄存，托付 ＿＿＿＿＿＿＿

34　続けます（つづけます）④
　　[动2] 继续，持续 ＿＿＿＿＿＿＿

35　やせます③
　　[动2] 瘦 ＿＿＿＿＿＿＿

36　訪問します（ほうもんします）⑥
　　[动3] 拜访，访问 ＿＿＿＿＿＿＿

37　貯金します（ちょきんします）⑤
　　[动3] 存钱，储蓄 ＿＿＿＿＿＿＿

38　歓迎します（かんげいします）⑥
　　[动3] 欢迎 ＿＿＿＿＿＿＿

39　用意します（よういします）①
　　[动3] 准备 ＿＿＿＿＿＿＿

40　おかしい③
　　[形1] 奇怪的，可笑的，不正常的
　　＿＿＿＿＿＿＿

41　ひどい②
　　[形1] 严重的，厉害的 ＿＿＿＿＿＿＿

42　もったいない⑤
　　[形1] 可惜的，浪费的；过分（好）的
　　＿＿＿＿＿＿＿

43　優秀（ゆうしゅう）⓪
　　[形2] 优秀的，优异的 ＿＿＿＿＿＿＿

44　最高（さいこう）⓪
　　[形2] 最好的，最高的 ＿＿＿＿＿＿＿

45　しっかり③
　　[副] 充分，充足 ＿＿＿＿＿＿＿

46　非常に（ひじょうに）④
　　[副] 非常 ＿＿＿＿＿＿＿

47　こんなに⓪
　　[副] 这么，这样地 ＿＿＿＿＿＿＿

48　一生懸命（いっしょうけんめい）⑤
　　[副] 拼命地，努力地 ＿＿＿＿＿＿＿

49　うわあ②
　　[叹] 哇 ＿＿＿＿＿＿＿

50　このまま⓪
　　就这样，照这样，如此 ＿＿＿＿＿＿＿

51　いただきます⑤
　　我吃了，我开始吃了 ＿＿＿＿＿＿＿

52　遠慮なく（えんりょなく）④
　　不客气 ＿＿＿＿＿＿＿

一、请写出假名对应的日语汉字

01　じこ ＿＿＿＿＿＿＿

02　ほんば ＿＿＿＿＿＿＿

03　げんかん ＿＿＿＿＿＿＿

04　ゆうしゅう ＿＿＿＿＿＿＿

05　さいこう ＿＿＿＿＿＿＿

06　ろんぶん ＿＿＿＿＿＿＿

07　はっぴょうかい ＿＿＿＿＿＿＿

08　いっしょうけんめい ＿＿＿＿＿＿＿

09　かえり ＿＿＿＿＿＿＿

10　とうちゃく ＿＿＿＿＿＿＿

11　しさつだん ＿＿＿＿＿＿＿

12　かんげいします ＿＿＿＿＿＿＿

13 ほうもんします ＿＿＿＿＿＿＿＿
14 もどします ＿＿＿＿＿＿＿＿
15 かざります ＿＿＿＿＿＿＿＿
16 かせぎます ＿＿＿＿＿＿＿＿

17 やきます ＿＿＿＿＿＿＿＿
18 つづけます ＿＿＿＿＿＿＿＿
19 よういします ＿＿＿＿＿＿＿＿
20 ちょきんします ＿＿＿＿＿＿＿＿

二、请写出日语汉字对应的假名

01 玄関 ＿＿＿＿＿＿＿＿
02 花束 ＿＿＿＿＿＿＿＿
03 論文 ＿＿＿＿＿＿＿＿
04 本場 ＿＿＿＿＿＿＿＿
05 旅行社 ＿＿＿＿＿＿＿＿
06 視察団 ＿＿＿＿＿＿＿＿
07 持ち帰り ＿＿＿＿＿＿＿＿
08 合います ＿＿＿＿＿＿＿＿
09 残ります ＿＿＿＿＿＿＿＿
10 預けます ＿＿＿＿＿＿＿＿

11 包みます ＿＿＿＿＿＿＿＿
12 頼みます ＿＿＿＿＿＿＿＿
13 並べます ＿＿＿＿＿＿＿＿
14 訪問します ＿＿＿＿＿＿＿＿
15 歓迎します ＿＿＿＿＿＿＿＿
16 非常に ＿＿＿＿＿＿＿＿
17 優秀 ＿＿＿＿＿＿＿＿
18 最高 ＿＿＿＿＿＿＿＿
19 遠慮なく ＿＿＿＿＿＿＿＿
20 一生懸命 ＿＿＿＿＿＿＿＿

三、请写出中文对应的日语单词或表达

01 挂历，日历 ＿＿＿＿＿＿＿＿
02 宣传画，海报 ＿＿＿＿＿＿＿＿
03 粘，贴 ＿＿＿＿＿＿＿＿
04 奥运会，奥林匹克 ＿＿＿＿＿＿＿＿
05 包，手提包 ＿＿＿＿＿＿＿＿
06 橱柜，文件柜 ＿＿＿＿＿＿＿＿
07 收拾起来，放到……里边 ＿＿＿＿＿＿＿＿
08 放回，返还，返回 ＿＿＿＿＿＿＿＿
09 排列 ＿＿＿＿＿＿＿＿
10 准备 ＿＿＿＿＿＿＿＿
11 点（菜）；请求；托付 ＿＿＿＿＿＿＿＿
12 寄存，托付 ＿＿＿＿＿＿＿＿
13 珍藏，私藏 ＿＿＿＿＿＿＿＿
14 积攒，储存 ＿＿＿＿＿＿＿＿
15 存钱，储蓄 ＿＿＿＿＿＿＿＿
16 挣钱，赚钱 ＿＿＿＿＿＿＿＿

17 咖喱饭 ＿＿＿＿＿＿＿＿
18 减肥 ＿＿＿＿＿＿＿＿
19 瘦 ＿＿＿＿＿＿＿＿
20 合适，适合 ＿＿＿＿＿＿＿＿
21 到处，处处 ＿＿＿＿＿＿＿＿
22 奇怪的，可笑的，不正常的 ＿＿＿＿＿＿＿＿
23 严重的，厉害的 ＿＿＿＿＿＿＿＿
24 可惜的，浪费的；过分（好）的
＿＿＿＿＿＿＿＿
25 非常 ＿＿＿＿＿＿＿＿
26 充分，充足 ＿＿＿＿＿＿＿＿
27 这么，这样地 ＿＿＿＿＿＿＿＿
28 就这样，照这样，如此 ＿＿＿＿＿＿＿＿
29 不客气 ＿＿＿＿＿＿＿＿
30 我吃了，我开始吃了 ＿＿＿＿＿＿＿＿

四、听写练习

01	_____	02	_____	03	_____	04	_____
05	_____	06	_____	07	_____	08	_____
09	_____	10	_____	11	_____	12	_____
13	_____	14	_____	15	_____	16	_____

返记词汇列表

01 □ カレンダー	19 □ オリンピック	36 □ 訪問します
02 □ ポスター	20 □ あちこち / あっち	37 □ 貯金します
03 □ カレーライス	こっち	38 □ 歓迎します
04 □ とっておき	21 □ 焼きます	39 □ 用意します
05 □ 本場	22 □ 稼ぎます	40 □ おかしい
06 □ 玄関	23 □ 残ります	41 □ ひどい
07 □ ロッカー	24 □ 包みます	42 □ もったいない
08 □ バッグ	25 □ 頼みます	43 □ 優秀
09 □ 旅行社	26 □ はります	44 □ 最高
10 □ 視察団	27 □ 飾ります	45 □ しっかり
11 □ 到着	28 □ しまいます	46 □ 非常に
12 □ 帰り	29 □ 合います	47 □ こんなに
13 □ 持ち帰り	30 □ 戻します	48 □ 一生懸命
14 □ 事故	31 □ ためます	49 □ うわあ
15 □ 花束	32 □ 並べます	50 □ このまま
16 □ 発表会	33 □ 預けます	51 □ いただきます
17 □ 論文	34 □ 続けます	52 □ 遠慮なく
18 □ ダイエット	35 □ やせます	

 音频

重点单词学一学

01　マラソン大会（マラソンたいかい）⑤
　　[名] 马拉松大会（赛）＿＿＿＿＿＿

02　中止（ちゅうし）⓪
　　[名] 中止，停止＿＿＿＿＿＿

03　表現（ひょうげん）⓪
　　[名] 表达，表现＿＿＿＿＿＿

04　反対（はんたい）⓪
　　[名] 反对＿＿＿＿＿＿

05　営業（えいぎょう）⓪
　　[名] 营业＿＿＿＿＿＿

06　在庫（ざいこ）⓪
　　[名] 库存，存货＿＿＿＿＿＿

07　大人（おとな）⓪
　　[名] 大人，成人＿＿＿＿＿＿

08　おじ⓪
　　[名] 叔叔，伯伯，舅舅＿＿＿＿＿＿

09　小学生（しょうがくせい）③
　　[名] 小学生＿＿＿＿＿＿

10　宇宙飛行士（うちゅうひこうし）⑤
　　[名] 宇航员＿＿＿＿＿＿

11　カタログ⓪
　　[名] 目录＿＿＿＿＿＿

12　宝くじ（たからくじ）③
　　[名] 彩票＿＿＿＿＿＿

13　成績（せいせき）⓪
　　[名] 成绩＿＿＿＿＿＿

14　計算（けいさん）⓪
　　[名] 计算＿＿＿＿＿＿

15　消しゴム（けしゴム）⓪
　　[名] 橡皮＿＿＿＿＿＿

16　葉（は）⓪
　　[名] 叶子＿＿＿＿＿＿

17　ビタミン剤（ビタミンざい）④
　　[名] 维生素片剂＿＿＿＿＿＿

18　中古（ちゅうこ）⓪
　　[名] 二手货，旧货＿＿＿＿＿＿

19　機会（きかい）②
　　[名] 机会＿＿＿＿＿＿

20　休日（きゅうじつ）⓪
　　[名] 休息日，假日＿＿＿＿＿＿

21　今回（こんかい）①
　　[名] 这次，这回＿＿＿＿＿＿

22　今月（こんげつ）⓪
　　[名] 这个月＿＿＿＿＿＿

23　効きます（ききます）③
　　[动1] 有效，起作用＿＿＿＿＿＿

24　祝います（いわいます）④
　　[动1] 祝贺＿＿＿＿＿＿

25　当たります（あたります）④
　　[动1] 中（彩），抽中＿＿＿＿＿＿

26　空きます（あきます）③
　　[动1] 空；有空＿＿＿＿＿＿

27　腐ります（くさります）④
　　[动1] 腐烂，腐败＿＿＿＿＿＿

28　見つけます（みつけます）④
　　[动2] 找到，发现，看见＿＿＿＿＿＿

29　晴れます（はれます）③
　　［动2］晴朗，天晴 _____

30　訪ねます（たずねます）④
　　［动2］访问，拜访 _____

31　滞在します（たいざいします）⑥
　　［动3］停留，滞留 _____

32　休憩します（きゅうけいします）⑥
　　［动3］休息 _____

33　参加します（さんかします）⑤
　　［动3］参加 _____

34　乾杯します（かんぱいします）⑥
　　［动3］干杯 _____

35　へん①
　　［形2］不恰当的，奇怪的，反常的
　　_____

36　完全（かんぜん）⓪
　　［形2］充分的，完全的
　　_____

37　必要（ひつよう）⓪
　　［形2］必要的，必需的 _____

38　だんだん⓪
　　［副］渐渐地，逐渐地 _____

39　もし①
　　［副］如果，假如 _____

一、请写出假名对应的日语汉字

01　きかい _____
02　おとな _____
03　しょうがくせい _____
04　きゅうじつ _____
05　ひょうげん _____
06　けいさん _____
07　せいせき _____
08　ざいこ _____
09　かんぜん _____
10　ひつよう _____

11　えいぎょう _____
12　みつけます _____
13　たずねます _____
14　くさります _____
15　あたります _____
16　あきます _____
17　はれます _____
18　かんぱいします _____
19　たいざいします _____
20　きゅうけいします _____

二、请写出日语汉字对应的假名

01　葉 _____
02　営業 _____
03　中止 _____
04　中古 _____
05　今月 _____
06　今回 _____
07　機会 _____

08　反対 _____
09　必要 _____
10　小学生 _____
11　宝くじ _____
12　消しゴム _____
13　宇宙飛行士 _____
14　ビタミン剤 _____

15 | マラソン大会 _____   18 | 空きます _____

16 | 祝います _____   19 | 参加します _____

17 | 効きます _____   20 | 乾杯します _____

三、请写出中文对应的日语单词或表达

01 | 叶子 _____   17 | 彩票 _____

02 | 目录 _____   18 | 维生素片剂 _____

03 | 库存，存货 _____   19 | 有效，起作用 _____

04 | 二手货，旧货 _____   20 | 休息 _____

05 | 橡皮 _____   21 | 停留，滞留 _____

06 | 计算 _____   22 | 访问，拜访 _____

07 | 表达，表现 _____   23 | 如果，假如 _____

08 | 小学生 _____   24 | 晴朗，天晴 _____

09 | 马拉松大会（赛）_____   25 | 渐渐地，逐渐地 _____

10 | 成绩 _____   26 | 不恰当的，奇怪的，反常的

11 | 祝贺 _____   _____

12 | 休息日，假日 _____   27 | 必要的，必需的 _____

13 | 空；有空 _____   28 | 充分的，完全的 _____

14 | 大人，成人 _____   29 | 腐烂，腐败 _____

15 | 宇航员 _____   30 | 找到，发现，看见 _____

16 | 叔叔，伯伯，舅舅 _____

四、听写练习 音频

01 | _____   02 | _____   03 | _____   04 | _____

05 | _____   06 | _____   07 | _____   08 | _____

09 | _____   10 | _____   11 | _____   12 | _____

13 | _____   14 | _____   15 | _____   16 | _____

01 □ マラソン大会		14 □ 計算		27 □ 腐ります	
02 □ 中止		15 □ 消しゴム		28 □ 見つけます	
03 □ 表現		16 □ 葉		29 □ 晴れます	
04 □ 反対		17 □ ビタミン剤		30 □ 訪ねます	
05 □ 営業		18 □ 中古		31 □ 滞在します	
06 □ 在庫		19 □ 機会		32 □ 休憩します	
07 □ 大人		20 □ 休日		33 □ 参加します	
08 □ おじ		21 □ 今回		34 □ 乾杯します	
09 □ 小学生		22 □ 今月		35 □ へん	
10 □ 宇宙飛行士		23 □ 効きます		36 □ 完全	
11 □ カタログ		24 □ 祝います		37 □ 必要	
12 □ 宝くじ		25 □ 当たります		38 □ だんだん	
13 □ 成績		26 □ 空きます		39 □ もし	

 第36课 音频

重点单词学一学

01 最初（さいしょ）⓪
[名] 开始的时候，最初
_____

02 出身（しゅっしん）⓪
[名] 出生地 _____

03 工場（こうじょう）③
[名] 工厂 _____

04 煙突（えんとつ）⓪
[名] 烟筒，烟囱 _____

05 フライパン ⓪
[名] 平底锅 _____

06 卵焼き（たまごやき）⓪
[名] 煎鸡蛋 _____

07 グラウンド ⓪
[名] 操场，运动场 _____

08 屋上（おくじょう）⓪
[名] 屋顶上，屋顶 _____

09 凧（たこ）①
[名] 风筝 _____

10 テープ ①
[名] 磁带，音像带 _____

11 読書（どくしょ）①
[名] 读书 _____

12 申請（しんせい）⓪
[名] 申请 _____

13 関西弁（かんさいべん）⓪
[名] 关西话，关西方言
_____

14 日常会話（にちじょうかいわ）⑤
[名] 日常会话 _____

15 日本文化（にほんぶんか）④
[名] 日本文化 _____

16 生産コスト（せいさんコスト）⑤
[名] 生产成本 _____

17 交通事故（こうつうじこ）⑤
[名] 交通事故 _____

18 ご主人（ごしゅじん）②
[名] 您丈夫，您先生 _____

19 量り売り（はかりうり）⓪
[名] 称斤卖，按重量卖
_____

20 笑い声（わらいごえ）④
[名] 笑声 _____

21 持ち歩きます（もちあるきます）⑥
[动1] 携带，拿着走 _____

22 繰り返します（くりかえします）⑥
[动1] 反复 _____

23 騒ぎます（さわぎます）④
[动1] 吵嚷，吵闹 _____

24 間に合います（まにあいます）⑤
[动1] 来得及，赶得上
_____

25 鳴きます（なきます）③
[动1] 叫，鸣，啼 _____

26 眠ります（ねむります）④
[动1] 睡觉 _____

27 鳴ります（なります）③
[动1] 鸣响，响起 _____

28 喜びます（よろこびます）⑤
[动1] 喜悦，高兴 _____

29 役立ちます（やくだちます）⑤
[动1] 有用，有益 _____

30 雇います（やといます）④
[动1] 雇佣 _____

31 泣きます（なきます）③
[动1] 哭，哭泣 _____

32 振ります（ふります）③
[动1] 挥动，摆动 _____

33 見えます（みえます）③
[动2] 看到，看得见 _____

34 聞こえます（きこえます）④
[动2] 听到，听得见 _____

35 通じます（つうじます）④
[动2] 通过；相通 _____

36 揚げます（あげます）③
[动2] 放（风筝）；扬起
_____

37 慣れます（なれます）③
[动2] 习惯 _____

38 ぬれます③
[动2] 淋湿，打湿 _____

39 焼けます（やけます）③
[动2] 着火，燃烧 _____

40 下げます（さげます）③
[动2] 降低，下降 _____

41 失敗します（しっぱいします）⑥
[动3] 出岔子，失败 _____

42 苦労します（くろうします）①
[动3] 辛苦，辛劳 _____

43 びっくりします③
[动3] 吃惊，吓一跳 _____

44	出席します（しゅっせきします）⑥ ［动3］出席 ＿＿＿＿＿＿	49	ぺらぺら① ［副］流利地 ＿＿＿＿＿＿
45	悲しい（かなしい）⓪ ［形1］悲伤的，悲哀的 ＿＿＿＿＿＿	50	ワンワン① ［副］（狗）汪汪（叫）＿＿＿＿＿＿
46	ほんと⓪ ［形2］真的 ＿＿＿＿＿＿	51	ザーザー① ［副］（雨）哗啦哗啦 ＿＿＿＿＿＿
47	とにかく① ［副］特别是；总之 ＿＿＿＿＿＿	52	すやすや① ［副］香甜地，安静地 ＿＿＿＿＿＿
48	まだまだ① ［副］还，尚，仍 ＿＿＿＿＿＿	53	くねくね① ［副］弯曲，弯弯曲曲 ＿＿＿＿＿＿

一、请写出假名对应的日语汉字

01	たこ ＿＿＿＿＿＿	11	こうつうじこ ＿＿＿＿＿＿
02	さいしょ ＿＿＿＿＿＿	12	はかりうり ＿＿＿＿＿＿
03	どくしょ ＿＿＿＿＿＿	13	さわぎます ＿＿＿＿＿＿
04	しんせい ＿＿＿＿＿＿	14	なれます ＿＿＿＿＿＿
05	おくじょう ＿＿＿＿＿＿	15	なります ＿＿＿＿＿＿
06	こうじょう ＿＿＿＿＿＿	16	ふります ＿＿＿＿＿＿
07	えんとつ ＿＿＿＿＿＿	17	ねむります ＿＿＿＿＿＿
08	かなしい ＿＿＿＿＿＿	18	よろこびます ＿＿＿＿＿＿
09	わらいごえ ＿＿＿＿＿＿	19	しっぱいします ＿＿＿＿＿＿
10	ごしゅじん ＿＿＿＿＿＿	20	しゅっせきします ＿＿＿＿＿＿

二、请写出日语汉字对应的假名

01	出身 ＿＿＿＿＿＿	10	繰り返します ＿＿＿＿＿＿
02	卵焼き ＿＿＿＿＿＿	11	聞こえます ＿＿＿＿＿＿
03	関西弁 ＿＿＿＿＿＿	12	見えます ＿＿＿＿＿＿
04	日本文化 ＿＿＿＿＿＿	13	泣きます ＿＿＿＿＿＿
05	日常会話 ＿＿＿＿＿＿	14	鳴きます ＿＿＿＿＿＿
06	生産コスト ＿＿＿＿＿＿	15	雇います ＿＿＿＿＿＿
07	役立ちます ＿＿＿＿＿＿	16	通じます ＿＿＿＿＿＿
08	間に合います ＿＿＿＿＿＿	17	揚げます ＿＿＿＿＿＿
09	持ち歩きます ＿＿＿＿＿＿	18	下げます ＿＿＿＿＿＿

| 19 | 焼けます _____ | 20 | 苦労します _____ |

三、请写出中文对应的日语单词或表达

01	平底锅 _____	16	特别是；总之 _____
02	煎鸡蛋 _____	17	还，尚，仍 _____
03	您丈夫，您先生 _____	18	流利地 _____
04	关西话，关西方言 _____	19	反复 _____
05	工厂 _____	20	弯曲，弯弯曲曲 _____
06	生产成本 _____	21	看到，看得见 _____
07	论斤卖，按重量卖 _____	22	香甜地，安静地 _____
08	操场，运动场 _____	23	（狗）汪汪（叫）_____
09	屋顶上，屋顶 _____	24	叫，鸣，啼 _____
10	风筝 _____	25	鸣响，响起 _____
11	放（风筝）；扬起 _____	26	哭，哭泣 _____
12	磁带，音像带 _____	27	吃惊，吓一跳 _____
13	携带，拿着走 _____	28	（雨）哗啦哗啦 _____
14	来得及，赶得上 _____	29	淋湿，打湿 _____
15	真的 _____	30	挥动，摆动 _____

四、听写练习

音频

01	_____	02	_____	03	_____	04	_____
05	_____	06	_____	07	_____	08	_____
09	_____	10	_____	11	_____	12	_____
13	_____	14	_____	15	_____	16	_____

返记词汇列表

01	☐ 最初	05	☐ フライパン	09	☐ 凧
02	☐ 出身	06	☐ 卵焼き	10	☐ テープ
03	☐ 工場	07	☐ グラウンド	11	☐ 読書
04	☐ 煙突	08	☐ 屋上	12	☐ 申請

13	☐ 関西弁	27	☐ 鳴ります	41	☐ 失敗します
14	☐ 日常会話	28	☐ 喜びます	42	☐ 苦労します
15	☐ 日本文化	29	☐ 役立ちます	43	☐ びっくりします
16	☐ 生産コスト	30	☐ 雇います	44	☐ 出席します
17	☐ 交通事故	31	☐ 泣きます	45	☐ 悲しい
18	☐ ご主人	32	☐ 振ります	46	☐ ほんと
19	☐ 量り売り	33	☐ 見えます	47	☐ とにかく
20	☐ 笑い声	34	☐ 聞こえます	48	☐ まだまだ
21	☐ 持ち歩きます	35	☐ 通じます	49	☐ ぺらぺら
22	☐ 繰り返します	36	☐ 揚げます	50	☐ ワンワン
23	☐ 騒ぎます	37	☐ 慣れます	51	☐ ザーザー
24	☐ 間に合います	38	☐ ぬれます	52	☐ すやすや
25	☐ 鳴きます	39	☐ 焼けます	53	☐ くねくね
26	☐ 眠ります	40	☐ 下げます		

単元测试（九）

もんだい1 ＿＿＿＿＿の ことばは ひらがなで どう かきますか。1・2・3・4から いちばん いい ものを ひとつ えらんで ください。

[1] 森さんは昨日、ズボンを汚しました。

　　1. こわし　　　　2. よごし　　　　3. もどし　　　　4. まわし

[2] 父がくれた腕時計が壊れてしまいました。

　　1. わんとけい　　2. わんどけい　　3. うでとけい　　4. うでどけい

[3] 日本に来て、最初は生活に慣れていませんでした。

　　1. さいご　　　　2. さいしょ　　　3. さいしゅう　　4. さいかい

[4] 玄関に花が飾ってあります。

　　1. かざって　　　2. のこって　　　3. くさって　　　4. あたって

[5] 視察団が来る前に、歓迎の準備をしておきましょう。

　　1. ようい　　　　2. しゅっせき　　3. かんげい　　　4. ほうもん

もんだい2 _____の ことばは どう かきますか。1・2・3・4から いちばん いい ものを ひとつ えらんで ください。

[1] タクシーのうんてんしゅにトランクを開けてもらいます。

　　1. 運動手　　　　2. 運転手　　　　3. 運動会　　　　4. 運転会

[2] ほんばの日本料理は最高です。

　　1. 本当　　　　2. 本日　　　　3. 本場　　　　4. 本物

[3] 荷物がホテルにあずけてあります。

　　1. 助けて　　　　2. 続けて　　　　3. 預けて　　　　4. 掛けて

[4] その仕事が終わったら、きゅうけいしましょう。

　　1. 滞在　　　　2. 乾杯　　　　3. 苦労　　　　4. 休憩

[5] 彼はいつもしっぱいしてばかりいます。

　　1. 失敗　　　　2. 参加　　　　3. 出席　　　　4. 貯金

もんだい3 （　）に なにを いれますか。1・2・3・4から いちばん いい ものを ひとつ えらんで ください。

[1] その料理は（　　）そうです。

　　1. おいし　　　　2. かなし　　　　3. たのし　　　　4. えら

[2] いくら（　　）、彼は何も言わないんです。

　　1. 飾っても　　　　2. 並べても　　　　3. 戻しても　　　　4. 聞いても

[3] グラウンドで森さんが野球をしているのが（　　）。

　　1. たべます　　　　2. 聞こえます　　　　3. 通ります　　　　4. 見えます

[4] 反対だったら、手を（　　）ください。

　　1. 曲がって　　　　2. 待って　　　　3. 挙げて　　　　4. 選んで

[5] （　　）ために、日本語の勉強を続けます。

　　1. コピーする　　　　2. 留学する　　　　3. 容易する　　　　4. 休憩する

第37课

 音频

🪭 **重点单词学一学**

01 用事（ようじ）⓪
[名] 事情 ＿＿＿＿＿＿

02 大会（たいかい）⓪
[名] 大会，大赛 ＿＿＿＿＿＿

03 規模（きぼ）①
[名] 规模 ＿＿＿＿＿＿

04 計画（けいかく）⓪
[名] 计划 ＿＿＿＿＿＿

05 規則（きそく）①
[名] 规则 ＿＿＿＿＿＿

06 費用（ひよう）①
[名] 费用 ＿＿＿＿＿＿

07 塩（しお）②
[名] 盐，食盐 ＿＿＿＿＿＿

08 メダル⓪
[名] 纪念章，奖牌 ＿＿＿＿＿＿

09 ソフト①
[名] 软件 ＿＿＿＿＿＿

10 犯人（はんにん）①
[名] 犯人 ＿＿＿＿＿＿

11 川（かわ）②
[名] 河，河流 ＿＿＿＿＿＿

12 鉄道（てつどう）⓪
[名] 火车；铁路，铁道
＿＿＿＿＿＿

13 全長（ぜんちょう）⓪
[名] 全长 ＿＿＿＿＿＿

14 番号（ばんごう）③
[名] 号码，番号 ＿＿＿＿＿＿

15 単位（たんい）①
[名] 计量单位 ＿＿＿＿＿＿

16 小さじ（こさじ）⓪
[名] 小匙，小勺 ＿＿＿＿＿＿

17 ボリューム⓪
[名] 音量 ＿＿＿＿＿＿

18 直通列車（ちょくつうれっしゃ）⑤
[名] 直达列车 ＿＿＿＿＿＿

19 世界遺産（せかいいさん）④
[名] 世界遗产 ＿＿＿＿＿＿

20 観光スポット（かんこうスポット）⑥
[名] 旅游景点 ＿＿＿＿＿＿

21 超えます（こえます）③
[动2] 超过 ＿＿＿＿＿＿

22 出場します（しゅつじょうします）⑥
[动3] 参加，出场 ＿＿＿＿＿＿

23 釈放します（しゃくほうします）⑥
[动3] 释放 ＿＿＿＿＿＿

24 つまみ食いします（つまみぐいします）⑦
[动3] 偷吃 ＿＿＿＿＿＿

25 換算します（かんさんします）⑥
[动3] 换算 _____

26 復習します（ふくしゅうします）⑥
[动3] 复习 _____

27 成功します（せいこうします）⑥
[动3] 成功 _____

28 弱い（よわい）②
[形1] 弱的，脆弱的，柔弱的
_____

29 厳しい（きびしい）③
[形1] 严厉的，严格的 _____

30 ぜいたく③
[形2] 奢侈的；奢望的，过分的
_____

31 こっそり③
[副] 偷偷地，悄悄地 _____

32 さすが⓪
[副] 不愧是，果然 _____

33 実際に（じっさいに）⓪
[副] 实地，实际上 _____

一、请写出假名对应的日语汉字

01 かわ _____
02 しお _____
03 きぼ _____
04 きそく _____
05 ひよう _____
06 ようじ _____
07 たんい _____
08 よわい _____
09 けいかく _____
10 たいかい _____

11 はんにん _____
12 ばんごう _____
13 てつどう _____
14 ぜんちょう _____
15 きびしい _____
16 こえます _____
17 かんさんします _____
18 ふくしゅうします _____
19 しゃくほうします _____
20 しゅつじょうします _____

二、请写出日语汉字对应的假名

01 塩 _____
02 川 _____
03 小さじ _____
04 世界遺産 _____
05 直通列車 _____
06 鉄道 _____
07 番号 _____
08 観光スポット _____

09 全長 _____
10 規則 _____
11 規模 _____
12 計画 _____
13 用事 _____
14 実際に _____
15 成功します _____
16 出場します _____

| 17 | 釈放します _____ | 19 | 換算します _____ |
| 18 | 復習します _____ | 20 | つまみ食いします _____ |

三、请写出中文对应的日语单词或表达

01	计划 _____	16	河，河流 _____
02	大会，大赛 _____	17	全长 _____
03	纪念章，奖牌 _____	18	不愧是，果然 _____
04	规则 _____	19	世界遗产 _____
05	规模 _____	20	旅游景点 _____
06	费用 _____	21	成功 _____
07	软件 _____	22	奢侈的；奢望的，过分的 _____
08	偷吃 _____	23	偷偷地，悄悄地 _____
09	小匙，小勺 _____	24	释放 _____
10	盐，食盐 _____	25	实地，实际上 _____
11	计量单位 _____	26	严厉的，严格的 _____
12	音量 _____	27	弱的，脆弱的，柔弱的 _____
13	号码，番号 _____	28	参加，出场 _____
14	火车；铁路，铁道 _____	29	超过 _____
15	直达列车 _____	30	复习 _____

四、听写练习　音频

01	_____	02	_____	03	_____	04	_____
05	_____	06	_____	07	_____	08	_____
09	_____	10	_____	11	_____	12	_____
13	_____	14	_____	15	_____	16	_____

返记词汇列表

01	☐ 用事	04	☐ 計画	07	☐ 塩
02	☐ 大会	05	☐ 規則	08	☐ メダル
03	☐ 規模	06	☐ 費用	09	☐ ソフト

10	☐ 犯人	18	☐ 直通列車	26	☐ 復習します
11	☐ 川	19	☐ 世界遺産	27	☐ 成功します
12	☐ 鉄道	20	☐ 観光スポット	28	☐ 弱い
13	☐ 全長	21	☐ 超えます	29	☐ 厳しい
14	☐ 番号	22	☐ 出場します	30	☐ ぜいたく
15	☐ 単位	23	☐ 釈放します	31	☐ こっそり
16	☐ 小さじ	24	☐ つまみ食いします	32	☐ さすが
17	☐ ボリューム	25	☐ 換算します	33	☐ 実際に

第38课

音频

🪭 重点单词学一学

01 商品（しょうひん）①
[名] 商品 _____

02 ごみ箱（ごみばこ）③
[名] 垃圾箱 _____

03 コップ⓪
[名] 杯子，杯 _____

04 ペットボトル④
[名] 塑料瓶 _____

05 エンジン①
[名] 发动机，引擎 _____

06 タイヤ⓪
[名] 轮胎 _____

07 路地（ろじ）①
[名] 小巷，弄堂 _____

08 日本食（にほんしょく）⓪
[名] 日本食品 _____

09 刺し身（さしみ）③
[名] 生鱼片，生鲜鱼、贝片
_____

10 棚（たな）⓪
[名] 橱柜，隔板 _____

11 畳（たたみ）⓪
[名] 草席，草垫 _____

12 着物（きもの）⓪
[名] 和服，衣服 _____

13 具合（ぐあい）⓪
[名] 情况 _____

14 平仮名（ひらがな）③
[名] 平假名 _____

15 赤ちゃん（あかちゃん）①
[名] 婴儿，幼儿 _____

16 半分（はんぶん）③
[名] 一半 _____

17 最終（さいしゅう）⓪
[名] 最终 _____

18 試合（しあい）⓪
[名] 比赛，竞赛 _____

19 英字新聞（えいじしんぶん）④
[名] 英文报纸 ＿＿＿＿＿＿＿

20 ストレス②
[名] 精神紧张状态 ＿＿＿＿＿＿＿

21 伝統的（でんとうてき）⓪
[名] 传统的 ＿＿＿＿＿＿＿

22 入り組みます（いりくみます）⑤
[动1] 错综复杂 ＿＿＿＿＿＿＿

23 減ります（へります）③
[动1] 减少 ＿＿＿＿＿＿＿

24 動かします（うごかします）⑤
[动1] 开动, 移动, 摇动 ＿＿＿＿＿＿＿

25 勝ちます（かちます）③
[动1] 取胜, 获胜 ＿＿＿＿＿＿＿

26 通り抜けます（とおりぬけます）⑥
[动2] 走得出去, 穿过, 通过
＿＿＿＿＿＿＿

27 感じます（かんじます）④
[动2] 感觉, 觉得 ＿＿＿＿＿＿＿

28 取り替えます（とりかえます）⑤
[动2] 更换, 交换 ＿＿＿＿＿＿＿

29 徹夜します（てつやします）⑤
[动3] 熬通宵, 彻夜 ＿＿＿＿＿＿＿

30 火傷します（やけどします）⑤
[动3] 烫伤, 烧伤 ＿＿＿＿＿＿＿

31 なんだか①
[副] 总觉得, 总有点儿 ＿＿＿＿＿＿＿

32 この辺（このへん）⓪
这一带, 这附近, 这儿 ＿＿＿＿＿＿＿

33 急いで（いそいで）②
急急忙忙地, 匆忙地 ＿＿＿＿＿＿＿

一、请写出假名对应的日语汉字

01 ろじ ＿＿＿＿＿＿＿

02 たな ＿＿＿＿＿＿＿

03 たたみ ＿＿＿＿＿＿＿

04 さしみ ＿＿＿＿＿＿＿

05 きもの ＿＿＿＿＿＿＿

06 ぐあい ＿＿＿＿＿＿＿

07 しあい ＿＿＿＿＿＿＿

08 しょうひん ＿＿＿＿＿＿＿

09 さいしゅう ＿＿＿＿＿＿＿

10 でんとうてき ＿＿＿＿＿＿＿

11 このへん ＿＿＿＿＿＿＿

12 かちます ＿＿＿＿＿＿＿

13 へります ＿＿＿＿＿＿＿

14 かんじます ＿＿＿＿＿＿＿

15 いりくみます ＿＿＿＿＿＿＿

16 とりかえます ＿＿＿＿＿＿＿

17 とおりぬけます ＿＿＿＿＿＿＿

18 うごかします ＿＿＿＿＿＿＿

19 やけどします ＿＿＿＿＿＿＿

20 てつやします ＿＿＿＿＿＿＿

二、请写出日语汉字对应的假名

01 畳 ＿＿＿＿＿＿＿

02 着物 ＿＿＿＿＿＿＿

03 商品 ＿＿＿＿＿＿＿

04 具合 ＿＿＿＿＿＿＿

05 試合 _____

06 半分 _____

07 最終 _____

08 刺し身 _____

09 日本食 _____

10 伝統的 _____

11 ごみ箱 _____

12 平仮名 _____

13 赤ちゃん _____

14 英字新聞 _____

15 急いで _____

16 勝ちます _____

17 火傷します _____

18 徹夜します _____

19 入り組みます _____

20 通り抜けます _____

三、请写出中文对应的日语单词或表达

01 杯子，杯 _____

02 塑料瓶 _____

03 轮胎 _____

04 发动机，引擎 _____

05 总觉得，总有点儿 _____

06 感觉，觉得 _____

07 精神紧张状态 _____

08 这一带，这附近，这儿 _____

09 急急忙忙地，匆忙地 _____

10 情况 _____

11 错综复杂 _____

12 小巷，弄堂 _____

13 走得出去，穿过，通过 _____

14 垃圾箱 _____

15 减少 _____

16 开动，移动，摇动 _____

17 比赛，竞赛 _____

18 取胜，获胜 _____

19 传统的 _____

20 和服，衣服 _____

21 橱柜，隔板 _____

22 婴儿，幼儿 _____

23 草席，草垫 _____

24 更换，交换 _____

25 商品 _____

26 平假名 _____

27 熬通宵，彻夜 _____

28 烫伤，烧伤 _____

29 一半 _____

30 最终 _____

四、听写练习

音频

01 _____ 02 _____ 03 _____ 04 _____

05 _____ 06 _____ 07 _____ 08 _____

09 _____ 10 _____ 11 _____ 12 _____

| 13 | _____ | 14 | _____ | 15 | _____ | 16 | _____ |

📖 返记词汇列表

01	☐ 商品	12	☐ 着物	23	☐ 減ります
02	☐ ごみ箱	13	☐ 具合	24	☐ 動かします
03	☐ コップ	14	☐ 平仮名	25	☐ 勝ちます
04	☐ ペットボトル	15	☐ 赤ちゃん	26	☐ 通り抜けます
05	☐ エンジン	16	☐ 半分	27	☐ 感じます
06	☐ タイヤ	17	☐ 最終	28	☐ 取り替えます
07	☐ 路地	18	☐ 試合	29	☐ 徹夜します
08	☐ 日本食	19	☐ 英字新聞	30	☐ 火傷します
09	☐ 刺し身	20	☐ ストレス	31	☐ なんだか
10	☐ 棚	21	☐ 伝統的	32	☐ この辺
11	☐ 畳	22	☐ 入り組みます	33	☐ 急いで

第39课　音频

📖 重点单词学一学

01	村（むら）② [名] 村子，村庄 _____	07	黄色（きいろ）⓪ [名] 黄色，黄颜色 _____
02	稲（いね）① [名] 稻子 _____	08	空（そら）① [名] 天空 _____
03	霧（きり）⓪ [名] 雾 _____	09	バック① [名] 背景 _____
04	門（もん）① [名] 城门，门，大门 _____	10	貸し切り（かしきり）⓪ [名] 包租 _____
05	舞台（ぶたい）① [名] 舞台 _____	11	一般（いっぱん）⓪ [名] 一般 _____
06	屋根（やね）① [名] 屋顶，房顶 _____	12	祖母（そぼ）① [名] 祖母，外婆 _____

13	音楽会 （おんがくかい）③ [名] 音乐会 ＿＿＿＿＿	27	通勤ラッシュ （つうきんラッシュ）⑤ [名] 上下班高峰 ＿＿＿＿＿
14	ジャズ① [名] 爵士乐 ＿＿＿＿＿	28	通行禁止 （つうこうきんし）⓪ [名] 禁止通行 ＿＿＿＿＿
15	野外コンサート （やがいコンサート）④ [名] 露天音乐会 ＿＿＿＿＿	29	遠く （とおく）③ [名] 远处，远方 ＿＿＿＿＿
16	円高 （えんだか）⓪ [名] 日元升值 ＿＿＿＿＿	30	見渡します （みわたします）⑤ [动1] 眺望，远眺 ＿＿＿＿＿
17	輸出 （ゆしゅつ）⓪ [名] 出口，输出 ＿＿＿＿＿	31	続きます （つづきます）④ [动1] 继续，持续 ＿＿＿＿＿
18	影響 （えいきょう）⓪ [名] 影响 ＿＿＿＿＿	32	なくなります⑤ [动1] 完，丢失 ＿＿＿＿＿
19	資源 （しげん）① [名] 资源 ＿＿＿＿＿	33	育ちます （そだちます）④ [动1] 生长，成长 ＿＿＿＿＿
20	気温 （きおん）⓪ [名] 气温 ＿＿＿＿＿	34	増えます （ふえます）③ [动2] 增加，增多 ＿＿＿＿＿
21	沖 （おき）⓪ [名] 海上，湖心 ＿＿＿＿＿	35	連れます （つれます）③ [动2] 带，领 ＿＿＿＿＿
22	海外 （かいがい）① [名] 海外 ＿＿＿＿＿	36	欠席します （けっせきします）⑥ [动3] 缺席 ＿＿＿＿＿
23	昔 （むかし）⓪ [名] 以前 ＿＿＿＿＿	37	輸入します （ゆにゅうします）⑤ [动3] 进口，输入 ＿＿＿＿＿
24	別名 （べつめい）⓪ [名] 别名 ＿＿＿＿＿	38	せっかく④ [副] 好(不)容易，特意 ＿＿＿＿＿
25	方 （ほう）① [名] 方，方面 ＿＿＿＿＿	39	絶対 （ぜったい）⓪ [副] 绝对，一定 ＿＿＿＿＿
26	道路工事 （どうろこうじ）④ [名] 道路施工 ＿＿＿＿＿		

一、请写出假名对应的日语汉字

01 おき ＿＿＿＿＿   04 やね ＿＿＿＿＿

02 きり ＿＿＿＿＿   05 むら ＿＿＿＿＿

03 いね ＿＿＿＿＿   06 そら ＿＿＿＿＿

07 | そぼ _____
08 | きいろ _____
09 | きおん _____
10 | ぶたい _____
11 | しげん _____
12 | とおく _____
13 | ゆしゅつ _____

14 | かいがい _____
15 | ぜったい _____
16 | ふえます _____
17 | つれます _____
18 | そだちます _____
19 | みわたします _____
20 | ゆにゅうします _____

二、请写出日语汉字对应的假名

01 | 方 _____
02 | 昔 _____
03 | 門 _____
04 | 霧 _____
05 | 海外 _____
06 | 黄色 _____
07 | 円高 _____
08 | 別名 _____
09 | 一般 _____
10 | 気温 _____

11 | 資源 _____
12 | 影響 _____
13 | 貸し切り _____
14 | 道路工事 _____
15 | 通行禁止 _____
16 | 通勤ラッシュ _____
17 | 野外コンサート _____
18 | 音楽会 _____
19 | 続きます _____
20 | 欠席します _____

三、请写出中文对应的日语单词或表达

01 | 村子，村庄 _____
02 | 城门，门，大门 _____
03 | 稻子 _____
04 | 生长，成长 _____
05 | 屋顶，房顶 _____
06 | 背景 _____
07 | 以前 _____
08 | 带，领 _____
09 | 祖母，外婆 _____
10 | 海上，湖心 _____
11 | 爵士乐 _____

12 | 音乐会 _____
13 | 包租 _____
14 | 一般 _____
15 | 增加，增多 _____
16 | 日元升值 _____
17 | 影响 _____
18 | 资源 _____
19 | 出口，输出 _____
20 | 进口，输入 _____
21 | 海外 _____
22 | 方，方面 _____

23	上下班高峰 _____	27	完，丢失 _____
24	眺望，远眺 _____	28	缺席 _____
25	远处，远方 _____	29	好（不）容易，特意 _____
26	继续，持续 _____	30	绝对，一定 _____

四、听写练习 音频

01 _____	02 _____	03 _____	04 _____
05 _____	06 _____	07 _____	08 _____
09 _____	10 _____	11 _____	12 _____
13 _____	14 _____	15 _____	16 _____

返记词汇列表

01 □ 村	14 □ ジャズ	27 □ 通勤ラッシュ
02 □ 稲	15 □ 野外コンサート	28 □ 通行禁止
03 □ 霧	16 □ 円高	29 □ 遠く
04 □ 門	17 □ 輸出	30 □ 見渡します
05 □ 舞台	18 □ 影響	31 □ 続きます
06 □ 屋根	19 □ 資源	32 □ なくなります
07 □ 黄色	20 □ 気温	33 □ 育ちます
08 □ 空	21 □ 沖	34 □ 増えます
09 □ バック	22 □ 海外	35 □ 連れます
10 □ 貸し切り	23 □ 昔	36 □ 欠席します
11 □ 一般	24 □ 別名	37 □ 輸入します
12 □ 祖母	25 □ 方	38 □ せっかく
13 □ 音楽会	26 □ 道路工事	39 □ 絶対

音频

🪭 **重点单词学一学**

01 モノレール ③
[名] 单轨铁路；单轨电车
_____

02 オイル ①
[名] 油，润滑油 _____

03 ダンス ①
[名] 跳舞，舞 _____

04 時代 （じだい）⓪
[名] 时代 _____

05 役者 （やくしゃ）⓪
[名] 演员 _____

06 娘 （むすめ）③
[名] 女儿 _____

07 子犬 （こいぬ）⓪
[名] 小狗 _____

08 劇場 （げきじょう）⓪
[名] 剧场，剧院 _____

09 試写会 （ししゃかい）②
[名] 试映会，预映会 _____

10 耳 （みみ）②
[名] 耳朵 _____

11 奥 （おく）①
[名] 里头，内部；深处
_____

12 機嫌 （きげん）⓪
[名] 情绪，心情 _____

13 先日 （せんじつ）⓪
[名] 前几天，前些天 _____

14 コピー機 （コピーき）②
[名] 复印机 _____

15 券 （けん）①
[名] 券，票 _____

16 最終便 （さいしゅうびん）⓪
[名] 最晚航班 _____

17 入場券 （にゅうじょうけん）③
[名] 入场券，门票 _____

18 招待券 （しょうたいけん）③
[名] 招待券，请帖 _____

19 回数券 （かいすうけん）③
[名] 回数券 _____

20 向かいます （むかいます）④
[动1] 往……去 _____

21 そろえます ④
[动2] 备齐，凑齐；使一致
_____

22 漏れます （もれます）③
[动2] 漏，泄漏 _____

23 開通します （かいつうします）⑥
[动3] 开通 _____

24 改築します （かいちくします）⑥
[动3] 改建 _____

25 完成します （かんせいします）⑥
[动3] 完成 _____

26 入社します （にゅうしゃします）⑤
[动3] 进公司，入社 _____

27 お待たせしました（おまたせしました）⑥
让您久等了 ＿＿＿＿＿＿

一、请写出假名对应的日语汉字

01 みみ ＿＿＿＿＿＿
02 おく ＿＿＿＿＿＿
03 むすめ ＿＿＿＿＿＿
04 こいぬ ＿＿＿＿＿＿
05 じだい ＿＿＿＿＿＿
06 きげん ＿＿＿＿＿＿
07 やくしゃ ＿＿＿＿＿＿
08 せんじつ ＿＿＿＿＿＿
09 げきじょう ＿＿＿＿＿＿
10 ししゃかい ＿＿＿＿＿＿

11 しょうたいけん ＿＿＿＿＿＿
12 にゅうじょうけん ＿＿＿＿＿＿
13 かいすうけん ＿＿＿＿＿＿
14 さいしゅうびん ＿＿＿＿＿＿
15 もれます ＿＿＿＿＿＿
16 むかいます ＿＿＿＿＿＿
17 かいつうします ＿＿＿＿＿＿
18 かいちくします ＿＿＿＿＿＿
19 かんせいします ＿＿＿＿＿＿
20 にゅうしゃします ＿＿＿＿＿＿

二、请写出日语汉字对应的假名

01 娘 ＿＿＿＿＿＿
02 奥 ＿＿＿＿＿＿
03 耳 ＿＿＿＿＿＿
04 券 ＿＿＿＿＿＿
05 先日 ＿＿＿＿＿＿
06 時代 ＿＿＿＿＿＿
07 子犬 ＿＿＿＿＿＿
08 劇場 ＿＿＿＿＿＿
09 役者 ＿＿＿＿＿＿
10 入場券 ＿＿＿＿＿＿

11 回数券 ＿＿＿＿＿＿
12 最終便 ＿＿＿＿＿＿
13 コピー機 ＿＿＿＿＿＿
14 漏れます ＿＿＿＿＿＿
15 向かいます ＿＿＿＿＿＿
16 改築します ＿＿＿＿＿＿
17 完成します ＿＿＿＿＿＿
18 入社します ＿＿＿＿＿＿
19 開通します ＿＿＿＿＿＿
20 お待たせしました ＿＿＿＿＿＿

三、请写出中文对应的日语单词或表达

01 演员 ＿＿＿＿＿＿
02 剧场，剧院 ＿＿＿＿＿＿
03 跳舞，舞 ＿＿＿＿＿＿
04 试映会，预映会 ＿＿＿＿＿＿
05 招待券，请帖 ＿＿＿＿＿＿

06 往……去 ＿＿＿＿＿＿
07 里头，内部；深处 ＿＿＿＿＿＿
08 进公司，入社 ＿＿＿＿＿＿
09 复印机 ＿＿＿＿＿＿
10 油，润滑油 ＿＿＿＿＿＿

11	单轨铁路；单轨电车 _____	16	情绪，心情 _____
12	完成 _____	17	备齐，凑齐；使一致 _____
13	开通 _____	18	回数券 _____
14	改建 _____	19	漏，泄漏 _____
15	女儿 _____	20	让您久等了 _____

四、听写练习

音频

01 _____	02 _____	03 _____	04 _____
05 _____	06 _____	07 _____	08 _____
09 _____	10 _____	11 _____	12 _____
13 _____	14 _____	15 _____	16 _____

返记词汇列表

01 □ モノレール	10 □ 耳	19 □ 回数券
02 □ オイル	11 □ 奥	20 □ 向かいます
03 □ ダンス	12 □ 機嫌	21 □ そろえます
04 □ 時代	13 □ 先日	22 □ 漏れます
05 □ 役者	14 □ コピー機	23 □ 開通します
06 □ 娘	15 □ 券	24 □ 改築します
07 □ 子犬	16 □ 最終便	25 □ 完成します
08 □ 劇場	17 □ 入場券	26 □ 入社します
09 □ 試写会	18 □ 招待券	27 □ お待たせしました

単元測試（十）

もんだい1 ＿＿＿＿の ことばは ひらがなで どう かきますか。1・2・3・4から いちばん いい ものを ひとつ えらんで ください。

[1] 旅行に行くなら、計画を立てておいたほうがいいです。

　　1. けいかく　　　　2. ごうかく　　　　3. きかく　　　　4. きそく

[2] 費用が高くなければ、私が参加します。

　　1. びよう　　　　2. びよ　　　　3. ひよう　　　　4. ひよ

[3] この路地は入り組んでいますが、通り抜けられます。

　　1. いりぐんで　　　2. いりくんで　　　3. はいりぐんで　　　4. はいりくんで

[4] 試験は午後1時ですから、絶対遅れないでください。

　　1. ぜっだい　　　　2. せっだい　　　　3. せったい　　　　4. ぜったい

[5] この建物は去年改築したばかりです。

　　1. かんせい　　　　2. かいつう　　　　3. かいちく　　　　4. かんげい

もんだい2 ＿＿＿＿の ことばは どう かきますか。1・2・3・4から いちばん いい ものを ひとつ えらんで ください。

[1] 今日はちょっとようじがあります。明日なら暇です。

　　1. 時間　　　　2. 用事　　　　3. 具合　　　　4. 事件

[2] きものが自分で着られます。

　　1. 洋服　　　　2. 棚　　　　3. 着物　　　　4. 畳

[3] もっと練習すれば、しあいに勝てるようになると思います。

　　1. 具合　　　　2. 相手　　　　3. 場合　　　　4. 試合

[4] 健康のために、てつやしないようにしてください。

　　1. 徹夜　　　　2. 火傷　　　　3. 復習　　　　4. 釈放

[5] あそこからいろいろな建物がみわたせます。

　　1. 話せ　　　　2. 見渡せ　　　　3. 間違えせ　　　　4. 見終せ

もんだい3 （　）に　なにを　いれますか。1・2・3・4から　いちばん　いい　もの
を　ひとつ　えらんで　ください。

[1] ちゃんと（　）すれば、試験に合格することができます。

　　1. 入社　　　　　2. 開通　　　　　3. 復習　　　　　4. 優勝

[2] 寿司とか、（　）とか、たくさん食べました。

　　1. 小さじ　　　　2. しお　　　　　3. コップ　　　　4. 刺し身

[3] 先日、私が自転車のタイヤを（　）ました。

　　1. 入り組み　　　2. 見渡し　　　　3. 取り替え　　　4. 通り抜け

[4] 子供を遊園地に（　）いきます。

　　1. 連れて　　　　2. 漏れて　　　　3. 勝て　　　　　4. 続けて

[5] 今森さんは出張で空港へ向かっている（　）です。

　　1. ところ　　　　2. なんだか　　　3. せっかく　　　4. ばかり

第十一单元
ユニット ⑪

第41课

音频

重点单词学一学

01 小鳥（ことり）⓪
[名] 小鸟，鸟儿 ＿＿＿＿＿＿＿＿

02 万博（ばんぱく）⓪
[名] 世博会，万国博览会
＿＿＿＿＿＿＿＿

03 遺跡（いせき）⓪
[名] 遗址，遗迹 ＿＿＿＿＿＿＿＿

04 上司（じょうし）①
[名] 上司 ＿＿＿＿＿＿＿＿

05 すり①
[名] 扒手，小偷 ＿＿＿＿＿＿＿＿

06 世代（せだい）①
[名] 世代；一代 ＿＿＿＿＿＿＿＿

07 市場（しじょう）⓪
[名] 市场 ＿＿＿＿＿＿＿＿

08 調査（ちょうさ）①
[名] 调查 ＿＿＿＿＿＿＿＿

09 出荷（しゅっか）⓪
[名] 上市，运出货物 ＿＿＿＿＿＿＿＿

10 成長（せいちょう）⓪
[名] 成长 ＿＿＿＿＿＿＿＿

11 嵐（あらし）①
[名] 暴风雨，风暴 ＿＿＿＿＿＿＿＿

12 ネーミング⓪
[名] 名称，命名，取名
＿＿＿＿＿＿＿＿

13 コストダウン④
[名] 降低成本 ＿＿＿＿＿＿＿＿

14 低価格（ていかかく）③
[名] 低价（格）＿＿＿＿＿＿＿＿

15 牛肉（ぎゅうにく）⓪
[名] 牛肉 ＿＿＿＿＿＿＿＿

16 一昨年（いっさくねん）⓪／おととし②
[名] 前年 ＿＿＿＿＿＿＿＿

17 昨年（さくねん）⓪
[名] 去年 ＿＿＿＿＿＿＿＿

18 今後（こんご）⓪
[名] 今后 ＿＿＿＿＿＿＿＿

19 すべて①
[名] 全部，所有 ＿＿＿＿＿＿＿＿

20 びしょぬれ⓪
[名] 落汤鸡，湿透，濡湿
＿＿＿＿＿＿＿＿

21 魅力（みりょく）⓪
[名] 吸引力，魅力 ＿＿＿＿＿＿＿＿

22 交通事情（こうつうじじょう）⑤
[名] 交通状况 ＿＿＿＿＿＿＿＿

23 合弁会社（ごうべんがいしゃ）⑤
[名] 合资公司 ＿＿＿＿＿＿＿＿

24 しかります④
[动1] 训，责备，斥责 ＿＿＿＿＿＿＿＿

25 かみます ③
[动1] 咬，嚼 _____

26 誘います（さそいます）④
[动1] 邀请，约请 _____

27 巻き込みます（まきこみます）⑤
[动1] 卷入，卷进 _____

28 至ります（いたります）④
[动1] 到达，达到 _____

29 見つかります（みつかります）⑤
[动1] 找到，发现 _____

30 踏みます（ふみます）③
[动1] 踩，踏 _____

31 図ります（はかります）④
[动1] 谋求；考虑 _____

32 見込みます（みこみます）④
[动1] 预料，估计 _____

33 盗みます（ぬすみます）④
[动1] 盗取，偷盗 _____

34 起こします（おこします）④
[动1] 叫醒，唤醒 _____

35 ほめます ③
[动2] 表扬，赞扬 _____

36 求めます（もとめます）④
[动2] 要求；追求；寻求 _____

37 いじめます ④
[动2] 欺负，折磨，欺侮 _____

38 ぶつけます ④
[动2] 碰上，撞上；扔，投，掷
_____

39 発見します（はっけんします）⑥
[动3] 发现 _____

40 辞職します（じしょくします）⑤
[动3] 辞职 _____

41 創立します（そうりつします）⑥
[动3] 成立，创立 _____

42 依頼します（いらいします）⑤
[动3] 委托，请求 _____

43 発売します（はつばいします）⑥
[动3] 上市，发售，出售
_____

44 開発します（かいはつします）⑥
[动3] 开发 _____

45 製造します（せいぞうします）⑥
[动3] 生产，制造 _____

46 管理します（かんりします）①
[动3] 管理 _____

47 実現します（じつげんします）⑥
[动3] 实现 _____

48 洗練します（せんれんします）⑥
[动3] 精练，洗练 _____

49 放送します（ほうそうします）⑥
[动3] 广播，播送 _____

50 生産します（せいさんします）⑥
[动3] 生产 _____

51 翻訳します（ほんやくします）⑥
[动3] 翻译，笔译 _____

52 発明します（はつめいします）⑥
[动3] 发明 _____

53 幅広い（はばひろい）④
[形1] 广泛的；宽广的，辽阔的
_____

54 大幅（おおはば）⓪
[形2] 大幅（度）的，广泛的
_____

55 大量（たいりょう）⓪
[形2] 大量的 _____

56 最も（もっとも）③
[副] 最 _____

57 参りました（まいりました）④
真糟糕，真倒霉 _____

一、请写出假名对应的日语汉字

01 あらし _____
02 いせき _____
03 せだい _____
04 ことり _____
05 こんご _____
06 さくねん _____
07 ちょうさ _____
08 しじょう _____
09 じょうし _____
10 しゅっか _____

11 せいちょう _____
12 ぎゅうにく _____
13 みりょく _____
14 はばひろい _____
15 はつめいします _____
16 かいはつします _____
17 じつげんします _____
18 せいぞうします _____
19 せいさんします _____
20 はつばいします _____

二、请写出日语汉字对应的假名

01 万博 _____
02 上司 _____
03 低価格 _____
04 合弁会社 _____
05 交通事情 _____
06 最も _____
07 大量 _____
08 大幅 _____
09 誘います _____
10 求めます _____

11 至ります _____
12 図ります _____
13 盗みます _____
14 踏みます _____
15 見込みます _____
16 発見します _____
17 創立します _____
18 辞職します _____
19 翻訳します _____
20 放送します _____

三、请写出中文对应的日语单词或表达

01 扒手，小偷 _____
02 名称，命名，取名 _____
03 世代；一代 _____
04 上市，运出货物 _____

05 暴风雨，风暴 _____
06 交通状况 _____
07 降低成本 _____
08 委托，请求 _____

09	邀约，约请 _____	20	谋求；考虑 _____
10	精练，洗练 _____	21	预料，估计 _____
11	全部，所有 _____	22	翻译，笔译 _____
12	广泛的；宽广的，辽阔的 _____	23	找到，发现 _____
		24	广播，播送 _____
13	最 _____	25	叫醒，唤醒 _____
14	辞职 _____	26	上市，发售，出售 _____
15	咬，嚼 _____	27	要求，追求；寻求 _____
16	欺负，折磨，欺侮 _____	28	碰上，撞上；扔，投，掷 _____
17	训，责备，斥责 _____		
18	表扬，赞扬 _____	29	落汤鸡，湿透，濡湿 _____
19	卷入，卷进 _____	30	真糟糕，真倒霉 _____

四、听写练习 音频

01	_____	02	_____	03	_____	04	_____
05	_____	06	_____	07	_____	08	_____
09	_____	10	_____	11	_____	12	_____
13	_____	14	_____	15	_____	16	_____

返记词汇列表

01	□ 小鳥	11	□ 嵐	21	□ 魅力
02	□ 万博	12	□ ネーミング	22	□ 交通事情
03	□ 遺跡	13	□ コストダウン	23	□ 合弁会社
04	□ 上司	14	□ 低価格	24	□ しかります
05	□ すり	15	□ 牛肉	25	□ かみます
06	□ 世代	16	□ 一昨年	26	□ 誘います
07	□ 市場	17	□ 昨年	27	□ 巻き込みます
08	□ 調査	18	□ 今後	28	□ 至ります
09	□ 出荷	19	□ すべて	29	□ 見つかります
10	□ 成長	20	□ びしょぬれ	30	□ 踏みます

31	☐ 図ります	40	☐ 辞職します	49	☐ 放送します
32	☐ 見込みます	41	☐ 創立します	50	☐ 生産します
33	☐ 盗みます	42	☐ 依頼します	51	☐ 翻訳します
34	☐ 起こします	43	☐ 発売します	52	☐ 発明します
35	☐ ほめます	44	☐ 開発します	53	☐ 幅広い
36	☐ 求めます	45	☐ 製造します	54	☐ 大幅
37	☐ いじめます	46	☐ 管理します	55	☐ 大量
38	☐ ぶつけます	47	☐ 実現します	56	☐ 最も
39	☐ 発見します	48	☐ 洗練します	57	☐ 参りました

音频

🪭 重点单词学一学

01 責任者（せきにんしゃ）③
[名] 负责人 _____

02 同僚（どうりょう）⓪
[名] 同事 _____

03 観客（かんきゃく）⓪
[名] 观众 _____

04 空腹（くうふく）⓪
[名] 空肚子，空腹，饿
_____

05 換気（かんき）⓪
[名] 换气 _____

06 留守（るす）①
[名] 不在家 _____

07 講堂（こうどう）⓪
[名] 讲堂，礼堂 _____

08 昼間（ひるま）③
[名] 白天，白日 _____

09 日程（にってい）⓪
[名] 日程 _____

10 次回（じかい）①
[名] 下次，下回 _____

11 目覚まし（めざまし）②
[名] 闹钟；叫醒 _____

12 アラーム②
[名] 闹钟，闹铃 _____

13 企画案（きかくあん）③
[名] 策划方案 _____

14 お返事（おへんじ）⓪
[名] 回信 _____

15 行き先（いきさき）⓪
[名] 去的地方，目的地
_____

16 預かります（あずかります）⑤
[动1] 保管，收存 _____

17 気づきます（きづきます）④
[动1] 发觉，发现 _____

18 冷やします（ひやします）④
[动1] 冰镇，冷却 _____

19 思い出します（おもいだします）⑥
[动1] 想起，想出 _____

20 告げます（つげます）③
[动2] 说，告诉 _____

21 冷えます（ひえます）③
[动2] 变冷；感觉凉 _____

22 信じます（しんじます）④
[动2] 相信，信任 _____

23 折れます（おれます）③
[动2] 折，断；拐弯 _____

24 出勤します（しゅっきんします）⑥
[动3] 上班，出勤 _____

25 セットします①
[动3] 设定，设置 _____

26 検討します（けんとうします）⑥
[动3] 讨论 _____

27 正しい（ただしい）③
[形1] 正确的 _____

28 当然（とうぜん）⓪
[形2] 当然的，应当的 _____

29 確か（たしか）①
[形2] 确实的，确切的；大概的

_____

30 丈夫（じょうぶ）⓪
[形2] 牢固的，结实的 _____

31 早速（さっそく）⓪
[副] 马上，立即 _____

32 直接（ちょくせつ）⓪
[副] 直接 _____

33 きっと⓪
[副] 一定 _____

34 だって①
[连] 可是，但是 _____

35 留守にします（るすにします）①
不在家，无人在家 _____

一、请写出假名对应的日语汉字

01 るす _____
02 ひるま _____
03 じかい _____
04 かんき _____
05 こうどう _____
06 にってい _____
07 くうふく _____
08 めざまし _____
09 かんきゃく _____
10 どうりょう _____

11 きかくあん _____
12 せきにんしゃ _____
13 たしか _____
14 さっそく _____
15 ちょくせつ _____
16 あずかります _____
17 ひやします _____
18 おもいだします _____
19 けんとうします _____
20 しゅっきんします _____

二、请写出日语汉字对应的假名

01 観客 ＿＿＿＿＿＿＿＿＿ 11 当然 ＿＿＿＿＿＿＿＿＿

02 講堂 ＿＿＿＿＿＿＿＿＿ 12 丈夫 ＿＿＿＿＿＿＿＿＿

03 換気 ＿＿＿＿＿＿＿＿＿ 13 正しい ＿＿＿＿＿＿＿＿＿

04 昼間 ＿＿＿＿＿＿＿＿＿ 14 冷えます ＿＿＿＿＿＿＿＿＿

05 日程 ＿＿＿＿＿＿＿＿＿ 15 折れます ＿＿＿＿＿＿＿＿＿

06 直接 ＿＿＿＿＿＿＿＿＿ 16 告げます ＿＿＿＿＿＿＿＿＿

07 次回 ＿＿＿＿＿＿＿＿＿ 17 信じます ＿＿＿＿＿＿＿＿＿

08 責任者 ＿＿＿＿＿＿＿＿＿ 18 気づきます ＿＿＿＿＿＿＿＿＿

09 お返事 ＿＿＿＿＿＿＿＿＿ 19 出勤します ＿＿＿＿＿＿＿＿＿

10 行き先 ＿＿＿＿＿＿＿＿＿ 20 留守にします ＿＿＿＿＿＿＿＿＿

三、请写出中文对应的日语单词或表达

01 同事 ＿＿＿＿＿＿＿＿＿ 16 设定，设置 ＿＿＿＿＿＿＿＿＿

02 回信 ＿＿＿＿＿＿＿＿＿ 17 冰镇，冷却 ＿＿＿＿＿＿＿＿＿

03 策划方案 ＿＿＿＿＿＿＿＿＿ 18 变冷；感觉凉 ＿＿＿＿＿＿＿＿＿

04 空肚子，空腹，饿 ＿＿＿＿＿＿＿＿＿ 19 折，断；拐弯 ＿＿＿＿＿＿＿＿＿

05 闹钟；叫醒 ＿＿＿＿＿＿＿＿＿ 20 马上，立即 ＿＿＿＿＿＿＿＿＿

06 闹钟，闹铃 ＿＿＿＿＿＿＿＿＿ 21 直接 ＿＿＿＿＿＿＿＿＿

07 日程 ＿＿＿＿＿＿＿＿＿ 22 上班，出勤 ＿＿＿＿＿＿＿＿＿

08 去的地方，目的地 ＿＿＿＿＿＿＿＿＿ 23 讨论 ＿＿＿＿＿＿＿＿＿

09 下次，下回 ＿＿＿＿＿＿＿＿＿ 24 当然，应当 ＿＿＿＿＿＿＿＿＿

10 白天，白日 ＿＿＿＿＿＿＿＿＿ 25 一定 ＿＿＿＿＿＿＿＿＿

11 保管，收存 ＿＿＿＿＿＿＿＿＿ 26 确实的，确切的；大概的 ＿＿＿＿＿＿＿＿＿

12 想起，想出 ＿＿＿＿＿＿＿＿＿ 27 正确的 ＿＿＿＿＿＿＿＿＿

13 发觉，发现 ＿＿＿＿＿＿＿＿＿ 28 牢固的，结实的 ＿＿＿＿＿＿＿＿＿

14 说，告诉 ＿＿＿＿＿＿＿＿＿ 29 可是，但是 ＿＿＿＿＿＿＿＿＿

15 相信，信任 ＿＿＿＿＿＿＿＿＿ 30 不在家，无人在家 ＿＿＿＿＿＿＿＿＿

四、听写练习

音频

01 ＿＿＿＿＿＿ 02 ＿＿＿＿＿＿ 03 ＿＿＿＿＿＿ 04 ＿＿＿＿＿＿

05	_____	06	_____	07	_____	08	_____
09	_____	10	_____	11	_____	12	_____
13	_____	14	_____	15	_____	16	_____

🪭 返记词汇列表

01	☐ 責任者	13	☐ 企画案	25	☐ セットします
02	☐ 同僚	14	☐ お返事	26	☐ 検討します
03	☐ 観客	15	☐ 行き先	27	☐ 正しい
04	☐ 空腹	16	☐ 預かります	28	☐ 当然
05	☐ 換気	17	☐ 気づきます	29	☐ 確か
06	☐ 留守	18	☐ 冷やします	30	☐ 丈夫
07	☐ 講堂	19	☐ 思い出します	31	☐ 早速
08	☐ 昼間	20	☐ 告げます	32	☐ 直接
09	☐ 日程	21	☐ 冷えます	33	☐ きっと
10	☐ 次回	22	☐ 信じます	34	☐ だって
11	☐ 目覚まし	23	☐ 折れます	35	☐ 留守にします
12	☐ アラーム	24	☐ 出勤します		

第43课

音频

🪭 重点单词学一学

01 お手伝い（おてつだい）②
[名] 帮忙，帮助 _____

02 乗り換え（のりかえ）⓪
[名] 换车，换乘 _____

03 考え（かんがえ）③
[名] 想法，思想 _____

04 女性向け（じょせいむけ）⓪
[名] 女性专用，专为女性
_____

05 申し出（もうしで）⓪
[名] 申请，提议 _____

06 感じ（かんじ）⓪
[名] 感觉 _____

07 多く（おおく）①
[名] 多，多数 _____

08 部下（ぶか）①
[名] 部下 _____

09 監督（かんとく）⓪
[名] 教练，领队 _____

10 選手（せんしゅ）①
[名] 运动员，选手 _____

11 消費者（しょうひしゃ）③
[名] 消费者 _____

12 案内役（あんないやく）⓪
[名] 向导，导游 _____

13 親（おや）②
[名] 双亲，父母 _____

14 イメージ②
[名] 形象，印象 _____

15 インパクト①
[名] 冲击力，力量感 _____

16 ガラス⓪
[名] 玻璃，玻璃杯 _____

17 気分（きぶん）①
[名]（身体）舒适（与否）；情绪
_____

18 親近感（しんきんかん）③
[名] 亲切感 _____

19 品質（ひんしつ）⓪
[名] 质量，品质 _____

20 物価（ぶっか）⓪
[名] 物价 _____

21 免税店（めんぜいてん）③
[名] 免税店 _____

22 説明書（せつめいしょ）⓪
[名] 说明书 _____

23 塾（じゅく）①
[名] 私塾，补习学校 _____

24 例文（れいぶん）⓪
[名] 例句 _____

25 会場（かいじょう）⓪
[名] 会场 _____

26 設備（せつび）①
[名] 设备 _____

27 洗濯物（せんたくもの）⓪
[名] 洗的衣服 _____

28 もの②
[名] 东西，事物 _____

29 字（じ）①
[名] 字 _____

30 妻（つま）①
[名] 妻子 _____

31 我々（われわれ）⓪
[代] 我们 _____

32 引っ張ります（ひっぱります）⑤
[动1] 拉，拽 _____

33 浮かびます（うかびます）④
[动1] 想起；浮；浮现
_____

34 整います（ととのいます）⑤
[动1] 齐备，完备 _____

35 乾きます（かわきます）④
[动1] 干，干燥 _____

36 暮らします（くらします）④
[动1] 生活 _____

37 避けます（さけます）③
[动2] 回避，避免 _____

38 売れます（うれます）③
[动2] 好卖，畅销 _____

39 受けます（うけます）③
[动2] 感受，受到 _____

40 温めます（あたためます）⑤
[动2] 热，温 _____

41　理解します（りかいします）①
　　［动3］理解 _____

42　提案します（ていあんします）⑥
　　［动3］建议，提案 _____

43　試作します（しさくします）⑤
　　［动3］试作，试制 _____

44　経験します（けいけんします）⑥
　　［动3］经验，经历 _____

45　暗記します（あんきします）⑤
　　［动3］熟记，背诵 _____

46　早退します（そうたいします）⑥
　　［动3］早退 _____

47　休職します（きゅうしょくします）⑥
　　［动3］（暂时）停职 _____

48　力強い（ちからづよい）⑤
　　［形1］强有力的；心里踏实的
　　_____

49　柔らかい（やわらかい）④
　　［形1］柔软的 _____

50　硬い（かたい）⓪
　　［形1］硬的 _____

51　厚い（あつい）⓪
　　［形1］厚的 _____

52　重要（じゅうよう）⓪
　　［形2］重要的 _____

53　単純（たんじゅん）⓪
　　［形2］单纯的 _____

54　理想的（りそうてき）⓪
　　［形2］理想的 _____

55　具体的（ぐたいてき）⓪
　　［形2］具体的 _____

56　斬新（ざんしん）⓪
　　［形2］新颖的，崭新的
　　_____

57　ぐっと⓪
　　［副］更加；用力 _____

58　例えば（たとえば）②
　　［副］比如，例如 _____

59　しかも②
　　［连］而且 _____

60　そこで⓪
　　［连］因此，于是，所以；那么
　　_____

61　言うまでもなく（いうまでもなく）③
　　不言而喻 _____

一、请写出假名对应的日语汉字

01　ぶか _____

02　おや _____

03　おおく _____

04　きぶん _____

05　ぶっか _____

06　せつび _____

07　ひんしつ _____

08　もうしで _____

09　かんがえ _____

10　かんとく _____

11　せんしゅ _____

12　のりかえ _____

13　ざんしん _____

14　たとえば _____

15　れいぶん _____

16　じゅうよう _____

17 たんじゅん ＿＿＿＿＿＿＿ 　　19 かわきます ＿＿＿＿＿＿＿

18 やわらかい ＿＿＿＿＿＿＿ 　　20 けいけんします ＿＿＿＿＿＿＿

二、请写出日语汉字对应的假名

01 字 ＿＿＿＿＿＿＿ 　　11 消費者 ＿＿＿＿＿＿＿

02 塾 ＿＿＿＿＿＿＿ 　　12 説明書 ＿＿＿＿＿＿＿

03 妻 ＿＿＿＿＿＿＿ 　　13 案内役 ＿＿＿＿＿＿＿

04 感じ ＿＿＿＿＿＿＿ 　　14 親近感 ＿＿＿＿＿＿＿

05 我々 ＿＿＿＿＿＿＿ 　　15 具体的 ＿＿＿＿＿＿＿

06 硬い ＿＿＿＿＿＿＿ 　　16 理想的 ＿＿＿＿＿＿＿

07 厚い ＿＿＿＿＿＿＿ 　　17 お手伝い ＿＿＿＿＿＿＿

08 力強い ＿＿＿＿＿＿＿ 　　18 女性向け ＿＿＿＿＿＿＿

09 会場 ＿＿＿＿＿＿＿ 　　19 理解します ＿＿＿＿＿＿＿

10 免税店 ＿＿＿＿＿＿＿ 　　20 早退します ＿＿＿＿＿＿＿

三、请写出中文对应的日语单词或表达

01 我们 ＿＿＿＿＿＿＿ 　　17 感受，受到 ＿＿＿＿＿＿＿

02 东西，事物 ＿＿＿＿＿＿＿ 　　18 （身体）舒适（与否）；情绪 ＿＿＿＿＿＿＿

03 玻璃，玻璃杯 ＿＿＿＿＿＿＿

04 洗的衣服 ＿＿＿＿＿＿＿ 　　19 热，温 ＿＿＿＿＿＿＿

05 私塾，补习学校 ＿＿＿＿＿＿＿ 　　20 干，干燥 ＿＿＿＿＿＿＿

06 申请，提议 ＿＿＿＿＿＿＿ 　　21 建议，提案 ＿＿＿＿＿＿＿

07 形象，印象 ＿＿＿＿＿＿＿ 　　22 试作，试制 ＿＿＿＿＿＿＿

08 冲击力，力量感 ＿＿＿＿＿＿＿ 　　23 好卖，畅销 ＿＿＿＿＿＿＿

09 强有力的；心里踏实的 ＿＿＿＿＿＿＿ 　　24 （暂时）停职 ＿＿＿＿＿＿＿

10 拉，拽 ＿＿＿＿＿＿＿ 　　25 新颖的，崭新的 ＿＿＿＿＿＿＿

11 生活 ＿＿＿＿＿＿＿ 　　26 更加；用力 ＿＿＿＿＿＿＿

12 齐备，完备 ＿＿＿＿＿＿＿ 　　27 而且 ＿＿＿＿＿＿＿

13 回避，避免 ＿＿＿＿＿＿＿ 　　28 比如，例如 ＿＿＿＿＿＿＿

14 熟记，背诵 ＿＿＿＿＿＿＿ 　　29 不言而喻 ＿＿＿＿＿＿＿

15 经验，经历 ＿＿＿＿＿＿＿ 　　30 因此，于是，所以；那么 ＿＿＿＿＿＿＿

16 想起；浮；浮现 ＿＿＿＿＿＿＿

四、听写练习 音频

01 _____	02 _____	03 _____	04 _____
05 _____	06 _____	07 _____	08 _____
09 _____	10 _____	11 _____	12 _____
13 _____	14 _____	15 _____	16 _____

返记词汇列表

01 ☐ お手伝い	22 ☐ 説明書	43 ☐ 試作します
02 ☐ 乗り換え	23 ☐ 塾	44 ☐ 経験します
03 ☐ 考え	24 ☐ 例文	45 ☐ 暗記します
04 ☐ 女性向け	25 ☐ 会場	46 ☐ 早退します
05 ☐ 申し出	26 ☐ 設備	47 ☐ 休職します
06 ☐ 感じ	27 ☐ 洗濯物	48 ☐ 力強い
07 ☐ 多く	28 ☐ もの	49 ☐ 柔らかい
08 ☐ 部下	29 ☐ 字	50 ☐ 硬い
09 ☐ 監督	30 ☐ 妻	51 ☐ 厚い
10 ☐ 選手	31 ☐ 我々	52 ☐ 重要
11 ☐ 消費者	32 ☐ 引っ張ります	53 ☐ 単純
12 ☐ 案内役	33 ☐ 浮かびます	54 ☐ 理想的
13 ☐ 親	34 ☐ 整います	55 ☐ 具体的
14 ☐ イメージ	35 ☐ 乾きます	56 ☐ 斬新
15 ☐ インパクト	36 ☐ 暮らします	57 ☐ ぐっと
16 ☐ ガラス	37 ☐ 避けます	58 ☐ 例えば
17 ☐ 気分	38 ☐ 売れます	59 ☐ しかも
18 ☐ 親近感	39 ☐ 受けます	60 ☐ そこで
19 ☐ 品質	40 ☐ 温めます	61 ☐ 言うまでもなく
20 ☐ 物価	41 ☐ 理解します	
21 ☐ 免税店	42 ☐ 提案します	

第44课

 音频

🪭 重点单词学一学

01 社員旅行（しゃいんりょこう）④
[名] 员工旅行 _____

02 新入社員（しんにゅうしゃいん）⑤
[名] 新来的职员 _____

03 会議場（かいぎじょう）⓪
[名] 会场 _____

04 国際会議（こくさいかいぎ）⑤
[名] 国际会议 _____

05 ビアガーデン③
[名] 庭院式的啤酒店 _____

06 大型スーパー（おおがたスーパー）⑤
[名] 大型超市 _____

07 湖（みずうみ）③
[名] 湖 _____

08 パトカー②
[名] 警车，巡逻车 _____

09 サイレン①
[名] 警笛，警报器 _____

10 アニメ①
[名] 动画片 _____

11 パワー①
[名] 能力，力量 _____

12 心（こころ）②
[名] 心 _____

13 態度（たいど）①
[名] 态度 _____

14 性格（せいかく）⓪
[名] 性格 _____

15 評判（ひょうばん）⓪
[名] 评价，评论 _____

16 行列（ぎょうれつ）⓪
[名] 行列，队伍 _____

17 容器（ようき）①
[名] 容器 _____

18 内容（ないよう）⓪
[名] 内容 _____

19 売れ行き（うれゆき）⓪
[名] 销路，销售（情况）_____

20 乗り物（のりもの）⓪
[名] 交通工具 _____

21 汗（あせ）①
[名] 汗 _____

22 倍（ばい）⓪
[名] 倍，加倍 _____

23 縦（たて）①
[名] 纵，竖 _____

24 中国全土（ちゅうごくぜんど）⑤
[名] 全中国 _____

25 長期予報（ちょうきよほう）④
[名] 长期预报 _____

26 笑い（わらい）⓪
[名] 笑 _____

27 暑さ（あつさ）①
[名] 暑热，暑气 _____

28 美しさ（うつくしさ）④
[名] 美好，美丽程度 _____

29　おもしろさ ④
　　[名] 趣味，有趣程度 ＿＿＿＿＿＿

30　大きさ（おおきさ）⓪
　　[名] 大小 ＿＿＿＿＿＿

31　高さ（たかさ）①
　　[名] 高度 ＿＿＿＿＿＿

32　深さ（ふかさ）②
　　[名] 深度 ＿＿＿＿＿＿

33　長さ（ながさ）①
　　[名] 長度 ＿＿＿＿＿＿

34　広さ（ひろさ）①
　　[名] 面积 ＿＿＿＿＿＿

35　太さ（ふとさ）②
　　[名] 粗（度）＿＿＿＿＿＿

36　重さ（おもさ）⓪
　　[名] 重量 ＿＿＿＿＿＿

37　厚さ（あつさ）⓪
　　[名] 厚度 ＿＿＿＿＿＿

38　速さ（はやさ）①
　　[名] 速度 ＿＿＿＿＿＿

39　便利さ（べんりさ）③
　　[名] 方便程度 ＿＿＿＿＿＿

40　複雑さ（ふくざつさ）⓪
　　[名] 复杂程度 ＿＿＿＿＿＿

41　おいしさ ⓪
　　[名] 美味，好吃程度 ＿＿＿＿＿＿

42　重要さ（じゅうようさ）⓪
　　[名] 重要性，重要程度
　　＿＿＿＿＿＿

43　甘さ（あまさ）⓪
　　[名] 甜度 ＿＿＿＿＿＿

44　広がります（ひろがります）⑤
　　[动1] 蔓延，拓宽 ＿＿＿＿＿＿

45　戻ります（もどります）④
　　[动1] 返回，回到 ＿＿＿＿＿＿

46　驚きます（おどろきます）⑤
　　[动1] 惊讶，吃惊 ＿＿＿＿＿＿

47　しゃれます ③
　　[动2] 别致，风趣；打扮得漂亮
　　＿＿＿＿＿＿

48　実感します（じっかんします）⑥
　　[动3] 切实感受，真切感受
　　＿＿＿＿＿＿

49　深い（ふかい）②
　　[形1] 深的 ＿＿＿＿＿＿

50　おとなしい ④
　　[形1] 温顺的，老实的
　　＿＿＿＿＿＿

51　恥ずかしい（はずかしい）④
　　[形1] 害羞的，难为情的
　　＿＿＿＿＿＿

52　珍しい（めずらしい）④
　　[形1] 珍奇的，新奇的
　　＿＿＿＿＿＿

53　豪華（ごうか）①
　　[形2] 豪华的，奢华的 ＿＿＿＿＿＿

54　好調（こうちょう）⓪
　　[形2] 顺利的，情况良好的
　　＿＿＿＿＿＿

55　控えめ（ひかえめ）⓪
　　[形2] 分量少的，节制的，控制的；
　　拘谨的 ＿＿＿＿＿＿

56　好評（こうひょう）⓪
　　[形2] 好评的，称赞的
　　＿＿＿＿＿＿

57　大事（だいじ）③
　　[形2] 重要的，宝贵的
　　＿＿＿＿＿＿

58	かなり ①	60	おかげさまで ⓪
	[副] 颇，相当 _____		托您的福 _____

59	けっこう ①	61	何と言っても（なんといっても）①
	[副] 很，相当 _____		首先是，无论如何 _____

一、请写出假名对应的日语汉字

01	あせ _____	11	ふくざつさ _____
02	たて _____	12	べんりさ _____
03	わらい _____	13	ごうか _____
04	たいど _____	14	こうちょう _____
05	ようき _____	15	こうひょう _____
06	ないよう _____	16	もどります _____
07	せいかく _____	17	ひろがります _____
08	ひょうばん _____	18	おどろきます _____
09	ぎょうれつ _____	19	はずかしい _____
10	じゅうようさ _____	20	めずらしい _____

二、请写出日语汉字对应的假名

01	心 _____	11	控えめ _____
02	倍 _____	12	新入社員 _____
03	湖 _____	13	社員旅行 _____
04	大事 _____	14	乗り物 _____
05	深い _____	15	売れ行き _____
06	厚さ _____	16	態度 _____
07	暑さ _____	17	評判 _____
08	太さ _____	18	豪華 _____
09	高さ _____	19	好調 _____
10	重さ _____	20	実感します _____

三、请写出中文对应的日语单词或表达

01	动画片 _____	04	警笛，警报器 _____
02	能力，力量 _____	05	警车，巡逻车 _____
03	大型超市 _____	06	销路，销售（情况）_____

07	庭院式的啤酒店 _____	20	蔓延，拓宽 _____
08	美好，美丽程度 _____	21	返回，回到 _____
09	美味，好吃程度 _____	22	惊讶，吃惊 _____
10	趣味，有趣程度 _____	23	别致，风趣；打扮得漂亮
11	方便程度 _____		_____
12	暑热，暑气 _____	24	切实感受，真切感受 _____
13	评价，评论 _____	25	温顺的，老实的 _____
14	甜度 _____	26	分量少的，节制的，控制的；拘谨的
15	速度 _____		_____
16	深度 _____	27	颇，相当 _____
17	长度 _____	28	很，相当 _____
18	面积 _____	29	托您的福 _____
19	大小 _____	30	首先是，无论如何 _____

四、听写练习   音频

01	_____	02	_____	03	_____	04	_____
05	_____	06	_____	07	_____	08	_____
09	_____	10	_____	11	_____	12	_____
13	_____	14	_____	15	_____	16	_____

返记词汇列表

01	□ 社員旅行	09	□ サイレン	17	□ 容器
02	□ 新入社員	10	□ アニメ	18	□ 内容
03	□ 会議場	11	□ パワー	19	□ 売れ行き
04	□ 国際会議	12	□ 心	20	□ 乗り物
05	□ ビアガーデン	13	□ 態度	21	□ 汗
06	□ 大型スーパー	14	□ 性格	22	□ 倍
07	□ 湖	15	□ 評判	23	□ 縦
08	□ パトカー	16	□ 行列	24	□ 中国全土

25	□ 長期予報	38	□ 速さ	51	□ 恥ずかしい
26	□ 笑い	39	□ 便利さ	52	□ 珍しい
27	□ 暑さ	40	□ 複雑さ	53	□ 豪華
28	□ 美しさ	41	□ おいしさ	54	□ 好調
29	□ おもしろさ	42	□ 重要さ	55	□ 控えめ
30	□ 大きさ	43	□ 甘さ	56	□ 好評
31	□ 高さ	44	□ 広がります	57	□ 大事
32	□ 深さ	45	□ 戻ります	58	□ かなり
33	□ 長さ	46	□ 驚きます	59	□ けっこう
34	□ 広さ	47	□ しゃれます	60	□ おかげさまで
35	□ 太さ	48	□ 実感します	61	□ 何と言っても
36	□ 重さ	49	□ 深い		
37	□ 厚さ	50	□ おとなしい		

単元測試（十一）

もんだい1 _____の ことばは ひらがなで どう かきますか。1・2・3・4から いちばん いい ものを ひとつ えらんで ください。

[1] 子供が成長して、大人になります。

1. せいちょ   2. さいちょ   3. せいちょう   4. さいちょう

[2] あの本は多くの国で翻訳されています。

1. はつめい   2. はつばい   3. ほうそう   4. ほんやく

[3] 私は泥棒に時計を盗まれました。

1. ぬすまれ   2. みこまれ   3. まきこまれ   4. つつまれ

[4] 母は昼間家にいるはずです。

1. ひるあいだ   2. ひるま   3. ちゅうあいだ   4. ちゅうま

[5] あれは当時かなり珍しかったです。

1. ただしかった   2. おとなしかった   3. はずかしかった   4. めずらしかった

もんだい2 ＿＿＿＿の ことばは どう かきますか。1・2・3・4から いちばん い
い ものを ひとつ えらんで ください。

[1] さっそく、会議を始めましょう。

1. 大幅　　　　　　2. 大量　　　　　　3. 早速　　　　　　4. 直接

[2] この建物は有名なデザイナーによってせっけいされました。

1. 開発　　　　　　2. 設計　　　　　　3. 実現　　　　　　4. 創立

[3] 梅雨なので、洗濯物はかわきにくいです。

1. 動き　　　　　　2. 乾き　　　　　　3. 驚き　　　　　　4. 開き

[4] 両親を空港まで迎えに行きたいのですが、午後そうたいさせてください。

1. 早退　　　　　　2. 休職　　　　　　3. 試作　　　　　　4. 理解

[5] あの湖のふかさは150メートルです。

1. 高さ　　　　　　2. 広さ　　　　　　3. 速さ　　　　　　4. 深さ

もんだい3 （　　）に なにを いれますか。1・2・3・4から いちばん いい もの
を ひとつ えらんで ください。

[1] 小野さんは友達に食事に（　　）ました。

1. 誘われ　　　　　2. 褒められ　　　　3. しかられ　　　　4. 助けられ

[2] 昨日、雨に（　　）、びしょぬれになってしまいました。

1. ぬすまれて　　　2. みつかられて　　3. いじめられて　　4. ふられて

[3] 冷蔵庫でスイカを3時間（　　）のに、ちっとも冷えません。

1. 冷やした　　　　2. 冷えた　　　　　3. かわいた　　　　4. あたためた

[4] このレストランは（　　）おいしいです。

1. たとえば　　　　2. ぐっと　　　　　3. けっこう　　　　4. さっそく

[5] 東京は物価が高いので、（　　）にくいです。

1. はなし　　　　　2. くらし　　　　　3. ひやし　　　　　4. おこし

第十二单元
ユニット ⑫

第45课

音频

🪭 **重点单词学一学**

01 少子化（しょうしか）⓪
[名] 孩子减少现象 ＿＿＿＿＿＿

02 人口（じんこう）⓪
[名] 人口 ＿＿＿＿＿＿

03 平均年齢（へいきんねんれい）⑤
[名] 平均年龄 ＿＿＿＿＿＿

04 交通（こうつう）⓪
[名] 交通 ＿＿＿＿＿＿

05 便（べん）①
[名] 方便，便利 ＿＿＿＿＿＿

06 アクセス①
[名] 连接，衔接 ＿＿＿＿＿＿

07 便（びん）①
[名] 航班 ＿＿＿＿＿＿

08 市内（しない）①
[名] 市内 ＿＿＿＿＿＿

09 田舎（いなか）⓪
[名] 乡下，农村 ＿＿＿＿＿＿

10 中心地（ちゅうしんち）③
[名] 中心地区 ＿＿＿＿＿＿

11 近代化（きんだいか）⓪
[名] 现代化 ＿＿＿＿＿＿

12 現代人（げんだいじん）③
[名] 现代人 ＿＿＿＿＿＿

13 時間帯（じかんたい）⓪
[名] 时间段 ＿＿＿＿＿＿

14 調子（ちょうし）⓪
[名] 情况，状况；势头 ＿＿＿＿＿＿

15 よさ①
[名] 长处，好处 ＿＿＿＿＿＿

16 部屋代（へやだい）⓪
[名] 房租 ＿＿＿＿＿＿

17 森林（しんりん）⓪
[名] 森林 ＿＿＿＿＿＿

18 地球（ちきゅう）⓪
[名] 地球 ＿＿＿＿＿＿

19 平均気温（へいきんきおん）⑤
[名] 平均气温 ＿＿＿＿＿＿

20 冷凍食品（れいとうしょくひん）⑤
[名] 冷冻食品 ＿＿＿＿＿＿

21 高齢者（こうれいしゃ）③
[名] 高龄者，老龄人口 ＿＿＿＿＿＿

22 喫煙者（きつえんしゃ）③
[名] 吸烟者 ＿＿＿＿＿＿

23 旅行者（りょこうしゃ）②
[名] 旅行者 ＿＿＿＿＿＿

24 利用者（りようしゃ）②
[名] 利用者 ＿＿＿＿＿＿

25 悩み（なやみ）③
　　[名] 烦恼 _____

26 町並み（まちなみ）⓪
　　[名] 市容，街道，街景 _____

27 売り上げ（うりあげ）⓪
　　[名] 销售额，营业额 _____

28 あこがれ⓪
　　[名] 憧憬 _____

29 進みます（すすみます）④
　　[动1] 加重；前进 _____

30 磨きます（みがきます）④
　　[动1] 刷，擦 _____

31 曇ります（くもります）④
　　[动1] 天阴 _____

32 似ます（にます）②
　　[动2] 像，相似 _____

33 ライトアップします④
　　[动3] 景观照明 _____

34 普及します（ふきゅうします）⑤
　　[动3] 普及 _____

35 雨宿りします（あまやどりします）③
　　[动3] 避雨 _____

36 ひどい②
　　[形1] 残酷的，过分的；激烈的
　　_____

37 手軽（てがる）⓪
　　[形2] 简便的，简单的，轻便的
　　_____

38 急速（きゅうそく）⓪
　　[形2] 迅速的，快速的
　　_____

39 以前（いぜん）①
　　[副] 以前 _____

40 どんどん①
　　[副] 连接不断地，接二连三地
　　_____

41 ますます②
　　[副] 越来越，更加 _____

42 なんか①
　　[副] 有点儿，总觉得，有些，好像
　　_____

43 年々（ねんねん）⓪
　　[副] 逐年，每年 _____

44 軽い物（かるいもの）⑤
　　清淡的或少量的食物 _____

一、请写出假名对应的日语汉字

01 なやみ _____
02 しない _____
03 いなか _____
04 ちょうし _____
05 ちきゅう _____
06 しんりん _____
07 へやだい _____
08 うりあげ _____
09 こうつう _____

10 じんこう _____
11 しょうしか _____
12 きんだいか _____
13 いぜん _____
14 てがる _____
15 きゅうそく _____
16 くもります _____
17 みがきます _____
18 すすみます _____

19 ふきゅうします ＿＿＿＿＿＿＿＿　　20 あまやどりします ＿＿＿＿＿＿＿＿

二、请写出日语汉字对应的假名

01 田舎 ＿＿＿＿＿＿＿＿　　　　　11 平均気温 ＿＿＿＿＿＿＿＿

02 市内 ＿＿＿＿＿＿＿＿　　　　　12 平均年齢 ＿＿＿＿＿＿＿＿

03 町並み ＿＿＿＿＿＿＿＿　　　　13 冷凍食品 ＿＿＿＿＿＿＿＿

04 時間帯 ＿＿＿＿＿＿＿＿　　　　14 進みます ＿＿＿＿＿＿＿＿

05 現代人 ＿＿＿＿＿＿＿＿　　　　15 曇ります ＿＿＿＿＿＿＿＿

06 利用者 ＿＿＿＿＿＿＿＿　　　　16 磨きます ＿＿＿＿＿＿＿＿

07 旅行者 ＿＿＿＿＿＿＿＿　　　　17 似ます ＿＿＿＿＿＿＿＿

08 喫煙者 ＿＿＿＿＿＿＿＿　　　　18 年々 ＿＿＿＿＿＿＿＿

09 高齢者 ＿＿＿＿＿＿＿＿　　　　19 急速 ＿＿＿＿＿＿＿＿

10 中心地 ＿＿＿＿＿＿＿＿　　　　20 手軽 ＿＿＿＿＿＿＿＿

三、请写出中文对应的日语单词或表达

01 憧憬 ＿＿＿＿＿＿＿＿　　　　　18 避雨 ＿＿＿＿＿＿＿＿

02 烦恼 ＿＿＿＿＿＿＿＿　　　　　19 刷，擦 ＿＿＿＿＿＿＿＿

03 地球 ＿＿＿＿＿＿＿＿　　　　　20 像，相似 ＿＿＿＿＿＿＿＿

04 人口 ＿＿＿＿＿＿＿＿　　　　　21 加重；前进 ＿＿＿＿＿＿＿＿

05 森林 ＿＿＿＿＿＿＿＿　　　　　22 简便的，简单的，轻便的

06 市内 ＿＿＿＿＿＿＿＿　　　　　　　＿＿＿＿＿＿＿＿

07 交通 ＿＿＿＿＿＿＿＿　　　　　23 残酷的，过分的；激烈的

08 航班 ＿＿＿＿＿＿＿＿　　　　　　　＿＿＿＿＿＿＿＿

09 情况，状况；势头 ＿＿＿＿＿＿＿＿　　24 清淡的或少量的食物 ＿＿＿＿＿＿＿＿

10 乡下，农村 ＿＿＿＿＿＿＿＿　　　25 以前 ＿＿＿＿＿＿＿＿

11 长处，好处 ＿＿＿＿＿＿＿＿　　　26 逐年，每年 ＿＿＿＿＿＿＿＿

12 连接，衔接 ＿＿＿＿＿＿＿＿　　　27 迅速的，快速的 ＿＿＿＿＿＿＿＿

13 方便，便利 ＿＿＿＿＿＿＿＿　　　28 越来越，更加 ＿＿＿＿＿＿＿＿

14 市容，街道，街景 ＿＿＿＿＿＿＿＿　29 接连不断地，接二连三地

15 景观照明 ＿＿＿＿＿＿＿＿　　　　　　＿＿＿＿＿＿＿＿

16 天阴 ＿＿＿＿＿＿＿＿　　　　　30 有点儿，总觉得，有些，好像

17 普及 ＿＿＿＿＿＿＿＿　　　　　　　＿＿＿＿＿＿＿＿

四、听写练习 音频

01	_____	02	_____	03	_____	04	_____
05	_____	06	_____	07	_____	08	_____
09	_____	10	_____	11	_____	12	_____
13	_____	14	_____	15	_____	16	_____

返记词汇列表

01 ☐ 少子化	16 ☐ 部屋代	31 ☐ 曇ります
02 ☐ 人口	17 ☐ 森林	32 ☐ 似ます
03 ☐ 平均年齢	18 ☐ 地球	33 ☐ ライトアップします
04 ☐ 交通	19 ☐ 平均気温	34 ☐ 普及します
05 ☐ 便	20 ☐ 冷凍食品	35 ☐ 雨宿りします
06 ☐ アクセス	21 ☐ 高齢者	36 ☐ ひどい
07 ☐ 便	22 ☐ 喫煙者	37 ☐ 手軽
08 ☐ 市内	23 ☐ 旅行者	38 ☐ 急速
09 ☐ 田舎	24 ☐ 利用者	39 ☐ 以前
10 ☐ 中心地	25 ☐ 悩み	40 ☐ どんどん
11 ☐ 近代化	26 ☐ 町並み	41 ☐ ますます
12 ☐ 現代人	27 ☐ 売り上げ	42 ☐ なんか
13 ☐ 時間帯	28 ☐ あこがれ	43 ☐ 年々
14 ☐ 調子	29 ☐ 進みます	44 ☐ 軽い物
15 ☐ よさ	30 ☐ 磨きます	

音频

重点单词学一学

01 毛皮（けがわ）⓪
[名] 毛皮 _____

02 本物（ほんもの）⓪
[名] 真货，真东西 _____

03 柄（がら）⓪
[名] 花纹，花样 _____

04 レモン①
[名] 柠檬 _____

05 みそ汁（みそしる）③
[名] 酱汤 _____

06 お祭り（おまつり）⓪
[名] 祭祀活动；节日 _____

07 オートバイ③
[名] 摩托车 _____

08 インタビュー①
[名] 采访 _____

09 プラン①
[名] 计划 _____

10 頭痛（ずつう）⓪
[名] 头疼 _____

11 寒気（さむけ）③
[名] 寒冷；寒战 _____

12 吐き気（はきけ）③
[名] 恶心，想要呕吐 _____

13 家事（かじ）①
[名] 家务活 _____

14 面接（めんせつ）⓪
[名] 面试 _____

15 出来事（できごと）②
[名] 事情，事件 _____

16 意見（いけん）①
[名] 意见 _____

17 開設（かいせつ）⓪
[名] 开设 _____

18 候補地（こうほち）③
[名] 候选地 _____

19 周り（まわり）⓪
[名] 一带，周围 _____

20 明るさ（あかるさ）⓪
[名] 明朗，快活 _____

21 におい②
[名] 味道，气味 _____

22 せっけん⓪
[名] 肥皂 _____

23 香水（こうすい）⓪
[名] 香水 _____

24 末（すえ）⓪
[名] 末尾，末了 _____

25 初め（はじめ）⓪
[名] 最初 _____

26 半月（はんつき）④
[名] 半月，半个月 _____

27 モデル①
[名] 模特儿 _____

28 警察官（けいさつかん）③
[名] 警察 _____

29 お相撲さん（おすもうさん）⓪
[名] 相扑选手 _____

30 済みます（すみます）③
[动1] 结束，完了 _____

31 積もります（つもります）④
[动1] 堆积；积攒 _____

32 過ごします（すごします）④
[动1] 度过；生活 _____

33 ほほえみます⑤
[动1] 微笑 _____

34 延ばします（のばします）④
[动1] 延长 _____

35 済ませます（すませます）④
[动2] 搞完，办完 _____

36 枯れます（かれます）③
[动2] 枯萎；干燥 _____

37 発送します（はっそうします）⑥
[动3] 发送，寄送 _____

38 緊張します（きんちょうします）⑥
[动3] 紧张 _____

39 さわやか②
[形2] 清爽的，爽快的
_____

40 まるで⓪
[副] 好像，就像 _____

41 いかにも②
[副] 典型的；实在；的确
_____

42 このごろ⓪
最近，近来，最近时期 _____

一、请写出假名对应的日语汉字

01 がら _____
02 すえ _____
03 はじめ _____
04 けがわ _____
05 まわり _____
06 ずつう _____
07 さむけ _____
08 はきけ _____
09 いけん _____
10 めんせつ _____

11 かいせつ _____
12 こうほち _____
13 できごと _____
14 ほんもの _____
15 はんつき _____
16 かれます _____
17 すごします _____
18 つもります _____
19 はっそうします _____
20 きんちょうします _____

二、请写出日语汉字对应的假名

01 周り _____
02 家事 _____
03 香水 _____
04 本物 _____
05 半月 _____
06 寒気 _____
07 頭痛 _____
08 意見 _____
09 出来事 _____
10 お祭り _____

11 みそ汁 _____
12 明るさ _____
13 警察官 _____
14 お相撲さん _____
15 済みます _____
16 枯れます _____
17 延ばします _____
18 過ごします _____
19 済ませます _____
20 緊張します _____

三、请写出中文对应的日语单词或表达

01 最初 _____
02 柠檬 _____
03 肥皂 _____
04 味道，气味 _____
05 花纹，花样 _____
06 真货，真东西 _____
07 恶心，想要呕吐 _____
08 面试 _____
09 采访 _____
10 计划 _____
11 末尾，末了 _____
12 祭祀活动；节日 _____
13 事情，事件 _____
14 家务活 _____
15 摩托车 _____

16 相扑选手 _____
17 模特儿 _____
18 微笑 _____
19 延长 _____
20 度过；生活 _____
21 堆积；积攒 _____
22 发送，寄送 _____
23 结束，完了 _____
24 搞完，办完 _____
25 枯萎；干燥 _____
26 明朗，快活 _____
27 清爽的，爽快的 _____
28 好像，就像 _____
29 典型的；实在；的确 _____
30 最近，近来，最近时期 _____

四、听写练习 音频

01 _____ 02 _____ 03 _____ 04 _____

05 _____ 06 _____ 07 _____ 08 _____

09 _____ 10 _____ 11 _____ 12 _____

13 _____ 14 _____ 15 _____ 16 _____

🪭 返记词汇列表

01 ☐ 毛皮
02 ☐ 本物
03 ☐ 柄
04 ☐ レモン
05 ☐ みそ汁
06 ☐ お祭り

07 ☐ オートバイ
08 ☐ インタビュー
09 ☐ プラン
10 ☐ 頭痛
11 ☐ 寒気
12 ☐ 吐き気

13 ☐ 家事
14 ☐ 面接
15 ☐ 出来事
16 ☐ 意見
17 ☐ 開設
18 ☐ 候補地

19	☐ 周り	27	☐ モデル	35	☐ 済ませます
20	☐ 明るさ	28	☐ 警察官	36	☐ 枯れます
21	☐ におい	29	☐ お相撲さん	37	☐ 発送します
22	☐ せっけん	30	☐ 済みます	38	☐ 緊張します
23	☐ 香水	31	☐ 積もります	39	☐ さわやか
24	☐ 末	32	☐ 過ごします	40	☐ まるで
25	☐ 初め	33	☐ ほほえみます	41	☐ いかにも
26	☐ 半月	34	☐ 延ばします	42	☐ このごろ

第47课

音频

🫧 重点单词学一学

01 下見（したみ）⓪
[名] 视察 ＿＿＿＿＿＿

02 スタッフ②
[名] 职员，同事 ＿＿＿＿＿＿

03 お子さん（おこさん）⓪
[名] 您的孩子 ＿＿＿＿＿＿

04 召し上がります（めしあがります）⑥
[动1]（尊他）吃，喝 ＿＿＿＿＿＿

05 ご覧になります（ごらんになります）⑦
[动1]（尊他）看，读 ＿＿＿＿＿＿

06 おっしゃいます⑤
[动1]（尊他）说，讲 ＿＿＿＿＿＿

07 いらっしゃいます⑥
[动1]（尊他）去，来，在
＿＿＿＿＿＿

08 おいでになります⑦
[动1]（尊他）去，来，在
＿＿＿＿＿＿

09 なさいます④
[动1]（尊他）做，干 ＿＿＿＿＿＿

10 くださいます⑤
[动1]（尊他）给 ＿＿＿＿＿＿

11 チェックインします④
[动3] 办理入住手续 ＿＿＿＿＿＿

12 直行します（ちょっこうします）⑥
[动3] 直接去，直达 ＿＿＿＿＿＿

13 先ほど（さきほど）⓪
[副] 刚才，方才 ＿＿＿＿＿＿

14 ご存じです（ごぞんじです）②
（尊他）知道 ＿＿＿＿＿＿

一、请写出假名对应的日语汉字

01 したみ ＿＿＿＿＿＿

02 おこさん ＿＿＿＿＿＿

03 さきほど ＿＿＿＿＿＿

04 ごぞんじです ＿＿＿＿＿＿

05 | めしあがります ＿＿＿＿＿＿＿ 07 | ちょっこうします ＿＿＿＿＿＿＿

06 | ごらんになります ＿＿＿＿＿＿＿

二、请写出日语汉字对应的假名

01 | 下見 ＿＿＿＿＿＿＿ 05 | 直行します ＿＿＿＿＿＿＿

02 | 先ほど ＿＿＿＿＿＿＿ 06 | ご覧になります ＿＿＿＿＿＿＿

03 | お子さん ＿＿＿＿＿＿＿ 07 | 召し上がります ＿＿＿＿＿＿＿

04 | ご存じです ＿＿＿＿＿＿＿

三、请写出中文对应的日语单词或表达

01 | 您的孩子 ＿＿＿＿＿＿＿ 08 | （尊他）知道 ＿＿＿＿＿＿＿

02 | 职员，同事 ＿＿＿＿＿＿＿ 09 | （尊他）做，干 ＿＿＿＿＿＿＿

03 | 视察 ＿＿＿＿＿＿＿ 10 | （尊他）吃，喝 ＿＿＿＿＿＿＿

04 | 刚才，方才 ＿＿＿＿＿＿＿ 11 | （尊他）说，讲 ＿＿＿＿＿＿＿

05 | 办理入住手续 ＿＿＿＿＿＿＿ 12 | （尊他）看，读 ＿＿＿＿＿＿＿

06 | 直接去，直达 ＿＿＿＿＿＿＿ 13 | （尊他）去，来，在 ＿＿＿＿＿＿＿

07 | （尊他）给 ＿＿＿＿＿＿＿

四、听写练习 音频

01 | ＿＿＿＿＿＿ 02 | ＿＿＿＿＿＿ 03 | ＿＿＿＿＿＿ 04 | ＿＿＿＿＿＿

05 | ＿＿＿＿＿＿ 06 | ＿＿＿＿＿＿ 07 | ＿＿＿＿＿＿ 08 | ＿＿＿＿＿＿

09 | ＿＿＿＿＿＿ 10 | ＿＿＿＿＿＿ 11 | ＿＿＿＿＿＿ 12 | ＿＿＿＿＿＿

13 | ＿＿＿＿＿＿ 14 | ＿＿＿＿＿＿

返记词汇列表

01 | □ 下見 06 | □ おっしゃいます 11 | □ チェックインします

02 | □ スタッフ 07 | □ いらっしゃいます 12 | □ 直行します

03 | □ お子さん 08 | □ おいでになります 13 | □ 先ほど

04 | □ 召し上がります 09 | □ なさいます 14 | □ ご存知です

05 | □ ご覧になります 10 | □ くださいます

第48课

 音频

重点单词学一学

01 明日（みょうにち）①
[名] 明天 _____

02 明日（あす）②
[名] 明天 _____

03 昨日（さくじつ）②
[名] 昨天 _____

04 この度（このたび）②
[名] 这次，这回 _____

05 私（わたくし）⓪
[代] 我 _____

06 私ども（わたくしども）④
[代] 我们 _____

07 社（しゃ）①
[名] 公司 _____

08 者（もの）②
[名] 人，……的人 _____

09 弊社（へいしゃ）①
[名] 敝公司 _____

10 新車（しんしゃ）⓪
[名] 新车 _____

11 傷（きず）⓪
[名] 瑕疵；创伤 _____

12 指導（しどう）⓪
[名] 指教，指导 _____

13 おつり ⓪
[名] 找的零钱 _____

14 応接室（おうせつしつ）⑤
[名] 会客室 _____

15 案内状（あんないじょう）⓪
[名] 通知，请帖 _____

16 入学案内（にゅうがくあんない）⑤
[名] 入学指南 _____

17 伺います（うかがいます）⑤
[动1]（自谦）去；来；问；拜访；请教 _____

18 いたします ④
[动1]（自谦）做，干 _____

19 参ります（まいります）④
[动1]（自谦）来，去 _____

20 いただきます ⑤
[动1]（自谦）吃，喝；得到 _____

21 おります ③
[动1] 在 _____

22 ございます ④
[动1] 在，有，是 _____

23 差し上げます（さしあげます）⑤
[动2]（自谦）给 _____

24 存じています（ぞんじています）①
[动2]（自谦）知道 _____

25 進めます（すすめます）④
[动2] 推进，使前进 _____

26 拝見します（はいけんします）⑥
[动3]（自谦）看 _____

27 承知します（しょうちします）⑤
[动3] 知道 _____

28 | 期待します（きたいします）⑤
　　[動3] 希望，期待 _____

29 | 世話します（せわします）②
　　[動3] 帮助；照顾 _____

30 | 貴重（きちょう）⓪
　　[形2] 贵重的 _____

31 | 少々（しょうしょう）①
　　[副] 稍稍，一点儿 _____

32 | ただ今（ただいま）②
　　[副] 这会儿，方才；马上，立刻
　　_____

33 | 突然（とつぜん）⓪
　　[副] 突然 _____

34 | 実は（じつは）②
　　[副] 其实，实际上 _____

35 | 何のお構いもしませんで（なんのおか
　　まいもしませんで）⑪
　　招待不周 _____

36 | いつもお世話になっております（いつ
　　もおせわになっております）①＋②＋①
　　承蒙多方关照 _____

37 | 申し訳ございません（もうしわけござ
　　いません）⑩
　　非常抱歉 _____

一、请写出假名对应的日语汉字

01 | しゃ _____
02 | もの _____
03 | きず _____
04 | あす _____
05 | しどう _____
06 | じつは _____
07 | さくじつ _____
08 | わたくし _____
09 | へいしゃ _____
10 | しんしゃ _____
11 | このたび _____
12 | きちょう _____
13 | とつぜん _____
14 | みょうにち _____
15 | おうせつしつ _____
16 | あんないじょう _____
17 | せわします _____
18 | きたいします _____
19 | はいけんします _____
20 | しょうちします _____

二、请写出日语汉字对应的假名

01 | 者 _____
02 | 傷 _____
03 | 貴重 _____
04 | 弊社 _____
05 | 私ども _____
06 | ただ今 _____
07 | この度 _____
08 | 少々 _____
09 | 応接室 _____
10 | 案内状 _____
11 | 入学案内 _____
12 | 伺います _____

13	参ります _____	17	承知します _____
14	進めます _____	18	世話します _____
15	差し上げます _____	19	期待します _____
16	存じています _____	20	拝見します _____

三、请写出中文对应的日语单词或表达

01	我们 _____	17	（自谦）给 _____
02	公司 _____	18	（自谦）看 _____
03	敝公司 _____	19	（自谦）知道 _____
04	人，……的人 _____	20	（自谦）做，干 _____
05	新车 _____	21	（自谦）来，去 _____
06	瑕疵；创伤 _____	22	（自谦）去；来；问；拜访；请教
07	这次，这回 _____		_____
08	指教，指导 _____	23	（自谦）吃，喝；得到 _____
09	找的零钱 _____	24	突然 _____
10	入学指南 _____	25	稍稍，一点儿 _____
11	在 _____	26	其实，实际上 _____
12	在，有，是 _____	27	会客室 _____
13	知道 _____	28	非常抱歉 _____
14	希望，期待 _____	29	贵重的 _____
15	帮助；照顾 _____	30	这会儿，方才；马上，立刻
16	推进，使前进 _____		_____

四、听写练习 音频

01	_____	02	_____	03	_____	04	_____
05	_____	06	_____	07	_____	08	_____
09	_____	10	_____	11	_____	12	_____
13	_____	14	_____	15	_____	16	_____

返记词汇列表

01	□ 明日	14	□ 応接室	27	□ 承知します
02	□ 明日	15	□ 案内状	28	□ 期待します
03	□ 昨日	16	□ 入学案内	29	□ 世話します
04	□ この度	17	□ 伺います	30	□ 貴重
05	□ 私	18	□ いたします	31	□ 少々
06	□ 私ども	19	□ 参ります	32	□ ただ今
07	□ 社	20	□ いただきます	33	□ 突然
08	□ 者	21	□ おります	34	□ 実は
09	□ 弊社	22	□ ございます	35	□ 何のお構いもしませんで
10	□ 新車	23	□ 差し上げます	36	□ いつもお世話になっております
11	□ 傷	24	□ 存じています	37	□ 申し訳ございません
12	□ 指導	25	□ 進めます		
13	□ おつり	26	□ 拝見します		

単元測試（十二）

もんだい1 ＿＿＿＿＿の ことばは ひらがなで どう かきますか。1・2・3・4から いちばん いい ものを ひとつ えらんで ください。

[1] この辺りは<u>交通</u>の便がよいので、部屋代は高いです。

　　1. くうこう　　　　2. こうこう　　　　3. こうつう　　　　4. つうこう

[2] カップラーメンはおいしいし、<u>手軽</u>だし、私はよく食べます。

　　1. しゅかる　　　　2. てかる　　　　3. しゅがる　　　　4. てがる

[3] この書類は明日の18時までに<u>発送</u>してください。

　　1. はつばい　　　2. はつめい　　　3. はっそう　　　4. はっけん

[4] さっきから、ちょっと<u>頭痛</u>がしています。

　　1. あたまつう　　　2. ずつう　　　　3. あたまいたい　　　4. ずいたい

[5] 面接を受けている間、ずっと<u>緊張</u>していました。

　　1. ちょっこう　　　2. ふきゅう　　　3. きたい　　　　4. きんちょう

もんだい2 ＿＿＿＿の ことばは どう かきますか。1・2・3・4から いちばん いい ものを ひとつ えらんで ください。

[1] いなかの人口はだんだん減っていくでしょう。

    1. 田舎   2. 市内   3. 中心地   4. 町

[2] みがければみがくほどきれいになります。

    1. 吹く   2. 引く   3. 動く   4. 磨く

[3] ごしどうよろしくお願いいたします。

    1. 承知   2. 指導   3. 拝見   4. 世話

[4] きちょうな本を貸していただき、ありがとうございます。

    1. 大切   2. 大事   3. 緊張   4. 貴重

[5] 私はいますぐそちらにまいります。

    1. 回ります   2. 走ります   3. 参ります   4. 踊ります

もんだい3 （ ）に なにを いれますか。1・2・3・4から いちばん いい ものを ひとつ えらんで ください。

[1] このお菓子は酸っぱくて、（ ）のような味がします。

    1. モデル   2. インパクト   3. プラン   4. レモン

[2] 先生は何時ごろ成田空港に（ ）になりますか。

    1. お着き   2. おっしゃり   3. なさる   4. くださり

[3] ここは禁煙ですので、おタバコはご（ ）ください。

    1. 案内   2. 存じ   3. 拝見   4. 遠慮

[4] お荷物は私がお（ ）いたします。

    1. 差し上げ   2. 持ち   3. 存じ   4. 拝見

[5] では、弊社の新商品を（ ）させていただきます。

    1. 紹介   2. 期待   3. 連絡   4. 理解

もんだい1 ＿＿＿＿＿の　ことばは　ひらがなで　どう　かきますか。1・2・3・4から　いちばん　いい　ものを　ひとつ　えらんで　ください。

[1]　今夜は月がきれいですね。

　　1．こんよ　　　　　2．こんばん　　　　　3．こんや　　　　　4．こんよる

[2]　今日は空港へ両親を迎えに行きます。

　　1．こうこう　　　　2．こうくう　　　　　3．こうそく　　　　4．くうこう

[3]　天気予報によると、明日は大雨が降るそうです。

　　1．おおう　　　　　2．おおこさめ　　　　3．こさめう　　　　4．こさめ

[4]　あの町は資源が豊かです。

　　1．よたか　　　　　2．よだか　　　　　　3．ゆたか　　　　　4．ゆだか

[5]　あそこは昨日泊まったホテルです。

　　1．とまった　　　　2．しまった　　　　　3．だまった　　　　4．あつまった

[6]　この写真はパスポートの申請に使います。

　　1．しんせん　　　　2．しぜん　　　　　　3．しせい　　　　　4．しんせい

[7]　そろそろ出発しましょう。

　　1．しゅっぱつ　　　2．しゅつぱつ　　　　3．しゅっはつ　　　4．しゅつはつ

[8]　森さんは李さんと親しい友達です。

　　1．さびしい　　　　2．したしい　　　　　3．うつくしい　　　4．くわしい

[9]　試験の前に、ちゃんと復習しておいてください。

　　1．ふくしゅう　　　2．べんきょう　　　　3．れんしゅう　　　4．よしゅう

もんだい2 ＿＿＿＿＿の　ことばは　どう　かきますか。1・2・3・4から　いちばん　いい　ものを　ひとつ　えらんで　ください。

[1]　どうぞじゆうに意見を言ってください。

　　1．残念　　　　　　2．自由　　　　　　　3．丁寧　　　　　　4．遠慮

[2]　壁にたこがかけてあります。

　　1．服　　　　　　　2．時計　　　　　　　3．嵐　　　　　　　4．凧

[3] この車は<u>えんじん</u>が動かないことがあります。

    1. エ―ジー　　　　2. エ―ズ―　　　　3. エンズン　　　　4. エンジン

[4] 最近、商品の値段は<u>おおはば</u>に上がりました。

    1. 大量　　　　　　2. 少量　　　　　　3. 大幅　　　　　　4. 小幅

[5] 先生は学生に単語を<u>おぼえ</u>させます。

    1. 覚え　　　　　　2. 答え　　　　　　3. 冷え　　　　　　4. 迎え

[6] この本は鈴木先生によって<u>ほんやく</u>されました。

    1. 実現　　　　　　2. 翻訳　　　　　　3. 発明　　　　　　4. 洗練

もんだい3　（　　）に　なにを　いれますか。1・2・3・4から　いちばん　いい　もの を　ひとつ　えらんで　ください。

[1] 信号の赤は止まれという（　　）です。

    1. 仲　　　　　　　2. 時差　　　　　　3. 意味　　　　　　4. 雰囲気

[2] 明日は風が（　　）でしょう。

    1. 吹きます　　　　2. 吹く　　　　　　3. 吹いた　　　　　4. 吹こう

[3] 朝早く（　　）のは気持ちがいいです。

    1. 起きる　　　　　2. 喜ぶ　　　　　　3. 覚える　　　　　4. 生きる

[4] 教室に学生が（　　）います。

    1. 大幅　　　　　　2. 大勢　　　　　　3. 大きな　　　　　4. 大きい

[5] 小野さんはわたし（　　）本をくれました。

    1. は　　　　　　　2. から　　　　　　3. が　　　　　　　4. に

[6] お酒は（　　）好きじゃありません。

    1. とても　　　　　2. ずいぶん　　　　3. あまり　　　　　4. よく

[7] あの人は英語が上手です。（　　）日本語もできます。

    1. もしかしたら　　2. それに　　　　　3. それで　　　　　4. なかなか

[8] 体にいいですから、野菜をたくさん（　　）なさい。

    1. つまみ食いし　　2. 起き　　　　　　3. 食べ　　　　　　4. 超え

[9] 春になると、花が（　　）咲きます。

    1. 美しく　　　　　2. おいしく　　　　3. おもしろく　　　4. うまく

もんだい4 ＿＿＿＿＿の ぶんと だいたい おなじ いみの ぶんが あります。1・2・3・4から いちばん いい ものを ひとつ えらんで ください。

[1] 天気予報によると、明日は雪だそうです。

　1. 天気予報で明日は雪が降ると言っています。

　2. 天気予報でゆうべは雪が降るそうです。

　3. 天気予報とちがって、今日は雪が降りませんでした。

　4. 天気予報では明日は雪がないでしょう。

[2] これから友達を駅までむかえにいきます。

　1. 私は友達を駅までむかえにいったところです。

　2. 私は友達を駅までおくりにいったところです。

　3. 私は友達を駅までむかえにいくところです。

　4. 私は友達を駅までおくりにいくところです。

[3] このボタンを押したら、電源が入ります。

　1. このボタンを押して、電源が入りません。

　2. このボタンを押すと、電源が入ります。

　3. このボタンを押さないで、電源が入ります。

　4. このボタンを押せば、電源が入りません。

[4] そのニュースを聞いて、びっくりしました。

　1. そのニュースを聞いて、うたいました。

　2. そのニュースを聞いて、おこりました。

　3. そのニュースを聞いて、よろこびました。

　4. そのニュースを聞いて、おどろきました。

[5] 社長のお荷物は私がお持ちいたします。

　1. 社長は私に荷物を持たせます。

　2. 社長は私の荷物を持ってくださいます。

　3. 私は社長の荷物をお持ちになります。

　4. 私は社長の荷物を持ちます。

もんだい5　つぎの　ことばの　つかいかたで　いちばん　いい　ものを 1・2・3・4から　ひとつ　えらんで　ください。

[1] 別に

　　1. では、別に帰りましょう。

　　2. 今日は別に忙しくないです。

　　3. 今年の夏は別に暑いです。

　　4. すみません、別に安いのはありますか。

[2] そろそろ

　　1. 公園で人がそろそろいます。

　　2. もう 20 分過ぎたのに、バスがそろそろ来ません。

　　3. 店にはそろそろな商品があります。

　　4. そろそろ授業を始めましょう。

[3] チェック

　　1. このチェックはおいしそうです。

　　2. コーヒーを飲みながら、メールをチェックしています。

　　3. 一緒に公園でチェックしましょう。

　　4. 李さんはチェックが上手です。

[4] 看病する

　　1. お母さんは風邪をひいた子供を看病します。

　　2. 熱があるので、李さんが病院へ行って看病します。

　　3. 森さんは目が痛くて看病しました。

　　4. この病院は私がよく看病しているところです。

[5] 実は

　　1. 実は一緒に飲みに行きましょう。

　　2. 実は明日は晴れでしょう。

　　3. 実は私もよくわかりません。

　　4. 今度は実はうちへ来てください。

もんだい1 ＿＿＿＿の ことばは ひらがなで どう かきますか。1・2・3・4から いちばん いい ものを ひとつ えらんで ください。

[1] 朝はひどい雨でしたが、昼頃（　　）。

1. すみました　　　2. やみました　　　3. わかりました　　　4. とまりました

[2] 友達といっしょに旅行の計画を立てました。

1. けいかく　　　2. けっかく　　　3. けっか　　　4. けかく

[3] 私の専門は数学です。

1. かがく　　　2. こうがく　　　3. すうがく　　　3. いがく

[4] この町では有料の公園が多いです。

1. ゆりょう　　　2. ゆりょ　　　3. ゆうりょ　　　4. ゆうりょう

[5] 最初は会員が3人だけでした。

1. さいしょう　　　2. さいしょ　　　3. さいしゅう　　　4. さいしゅ

[6] 父に厳しく叱られました。

1. ただしく　　　2. めずらしく　　　3. したしく　　　4. きびしく

[7] 目上の人に乱暴な言葉は使わないでください。

1. しつれい　　　2. きけん　　　3. らんぼう　　　4. ていねい

[8] お手伝いできないのは本当に残念です。

1. さんねん　　　2. さんねい　　　3. ざんねん　　　4. ざんねい

[9] 足元に注意してください。

1. ちゅうい　　　2. ちゅい　　　3. しゅうい　　　4. しゅい

もんだい2 ＿＿＿＿の ことばは どう かきますか。1・2・3・4から いちばん いい ものを ひとつ えらんで ください。

[1] そのみずうみは山の奥にあります。

1. 川　　　2. 池　　　3. 海　　　4. 湖

[2] もうあきだから、すずしくなりました。

1. 春　　　2. 夏　　　3. 秋　　　4. 冬

[3] すみません、約束の時間を<u>まちがえ</u>ました。

    1. 見え   2. 間違え   3. 迎え   4. 消え

[4] <u>きゅうに</u>頭が痛くなりました。

    1. 急に   2. 九に   3. 級に   4. 給に

[5] ここに車を<u>とめる</u>な。

    1. 求める   2. 止める   3. 温める   4. 進める

[6] あの鉄道は去年<u>かいつう</u>したばかりです。

    1. 改築   2. 完成   3. 開通   4. 開発

もんだい3 （ ）に なにを いれますか。1・2・3・4から いちばん いい もの を ひとつ えらんで ください。

[1] 森さんは体の（ ）がわるいそうです。

    1. ぐあい   2. しあい   3. きもの   4. うわさ

[2] その計算は子供（ ）できます。

    1. しか   2. のに   3. でも   4. ので

[3] （ ）して、もらったお金で旅行に行きたいです。

    1. ボーナス   2. アルバイト   3. マーク   4. ピクニック

[4] 私は朝と夜歯を（ ）。

    1. あらいます   2. そうじします   3. みがきます   4. かたづけます

[5] 映画館の前に、人がたくさん（ ）。

    1. ならんでいます   2. ならべています   3. ならんでおきます   4. ならべておきます

[6] ちゃんと勉強したから、明日の試験は（ ）大丈夫でしょう。

    1. ぜひ   2. やはり   3. たぶん   4. なかなか

[7] 春になると、天気は（ ）暖かくなります。

    1. ぜんぜん   2. だんだん   3. どうも   4. どうぞ

[8] 小野さんは体が（ ）ので、よく風邪をひきます。

    1. よわい   2. つよい   3. げんきな   4. きさくな

[9] 春なのに、とても暑いです。夏の（　　）です。

1. こと　　　　　　2. つもり　　　　　　3. らしい　　　　　　4. よう

もんだい4　　　　　　の　ぶんと　だいたい　おなじ　いみの　ぶんが　あります。1・2・3・4から　いちばん　いい　ものを　ひとつ　えらんで　ください。

[1] 新幹線は飛行機ほどはやくないです。

1. 新幹線は飛行機よりはやいです。

2. 新幹線は飛行機ほどおそくないです。

3. 飛行機は新幹線ほどはやくないです。

4. 飛行機は新幹線よりはやいです。

[2] 森さんは李さんに日本語をおしえています。

1. 李さんは森さんに日本語をならっています。

2. 李さんは森さんに日本語をおしえてあげます。

3. 森さんは李さんに日本語をならっています。

4. 森さんは李さんに日本語をおしえてもらいます。

[3] 先生に明日までにレポートを書くように言われました。

1. 先生は明日までにレポートを書いてくれると言いました。

2. 先生は明日までにレポートを書くそうだ。

3. 先生は明日までにレポートを書きなさいと言いました。

4. 先生は明日までにレポートを書くらしいと言いました。

[4] スミスさんをごぞんじですか。

1. スミスさんがすきですか。

2. スミスさんをしっていますか。

3. スミスさんがきらいですか。

4. スミスさんにあいましたか。

[5] 田中さんは仕事がおわって会社を出ます。

1. 田中さんは「いってきます」と言いました。

2. 田中さんは「いただきます」と言いました。

3. 田中さんは「おさきに」と言いました。

4. 田中さんは「おかえり」と言いました。

もんだい5　つぎの　ことばの　つかいかたで　いちばん　いい　ものを 1・2・3・4から　ひとつ　えらんで　ください。

[1]　娘

　　1. 彼女は三十歳で子供を生んで、娘になりました。

　　2. うちの娘は今年小学校に入ります。

　　3. あの男の子はちょっと娘らしいです。

　　4. おばさんは私の娘のいもうとです。

[2]　丈夫

　　1. 小野さんの丈夫はだれですか。

　　2. ちょっと風邪なので、丈夫です。

　　3. 頭が痛くて、丈夫に見てもらいました。

　　4. あの箱はとても丈夫です。

[3]　ほめる

　　1. 子供がけがをしたので、ほめてあげました。

　　2. 子供が病気になったので、ほめてあげました。

　　3. 子供がいいことをしたので、ほめてあげました。

　　4. 子供がわるいことをしたので、ほめてあげました。

[4]　ほんやくする

　　1. こわれた機械をほんやくします。

　　2. 外国の機械を日本にほんやくします。

　　3. 日本の車を世界にほんやくします。

　　4. 英語を日本語にほんやくします。

[5]　ずっと

　　1. 朝から晩までずっとテレビを見ていました。

　　2. 座っていた人がずっと立って外へ行きました。

　　3. 2時間も考えてずっと答えが分かりました。

　　4. シャワーして気持ちがずっとなりました。

N4、N5 必备词汇

あ行

 音频

01 | 愛（あい）①
[名]爱 ＿＿＿＿＿＿＿

02 | 遭う*（あう）①
[动1]遭遇，遭到 ＿＿＿＿＿＿＿

03 | アクション①
[名]动作 ＿＿＿＿＿＿＿

04 | 浅い（あさい）⓪
[形1]浅的；淡的 ＿＿＿＿＿＿＿

05 | アジア①
[名]亚洲 ＿＿＿＿＿＿＿

06 | 与える（あたえる）⓪
[动2]给予 ＿＿＿＿＿＿＿

07 | 辺り（あたり）①
[名]附近，周围 ＿＿＿＿＿＿＿

08 | 当てる（あてる）⓪
[动2]碰，撞；猜 ＿＿＿＿＿＿＿

09 | アナウンサー③
[名]播音员 ＿＿＿＿＿＿＿

10 | アフリカ⓪
[名]非洲 ＿＿＿＿＿＿＿

11 | 編む（あむ）①
[动1]编，织 ＿＿＿＿＿＿＿

12 | 飴（あめ）⓪
[名]糖果 ＿＿＿＿＿＿＿

13 | 或る（ある）①
[连体]某……，某个……
＿＿＿＿＿＿＿

14 | アルコール⓪
[名]酒；酒精 ＿＿＿＿＿＿＿

15 | 淡い（あわい）②
[形1]（颜色）浅的；（味道）淡的
＿＿＿＿＿＿＿

16 | イエス②
[叹]是，对 ＿＿＿＿＿＿＿

17 | 意外（いがい）⓪
[形2]意外的，意想不到的
＿＿＿＿＿＿＿

18 | 以外（いがい）①
[名]之外，以外 ＿＿＿＿＿＿＿

19 | 医学（いがく）①
[名]医学 ＿＿＿＿＿＿＿

20 | 異議（いぎ）①
[名]异议，反对意见 ＿＿＿＿＿＿＿

21 | イギリス⓪
[名]英国 ＿＿＿＿＿＿＿

22 | 池（いけ）②
[名]池塘，水池 ＿＿＿＿＿＿＿

23 | 行ける（いける）⓪
[动2]能去；会，可以 ＿＿＿＿＿＿＿

24 | 遺産（いさん）⓪
[名]遗产 ＿＿＿＿＿＿＿

25 | 石（いし）②
[名]石头 ＿＿＿＿＿＿＿

26 | 意地（いじ）②
[名]心术，用心 ＿＿＿＿＿＿＿

27 | 以上（いじょう）①
[名]以上；上述 ＿＿＿＿＿＿＿

---

* 动词均为辞典中收录的形式。

28 板（いた）①
[名]板，木板 _____

29 位置（いち）①
[名]位置 _____

30 一度（いちど）③
[名]一回，一次 _____

31 一部（いちぶ）②
[名]一部分 _____

32 一生（いっしょう）⓪
[名]一生，一辈子 _____

33 いつでも①
[副]无论什么时候，随时
_____

34 いつまでも①
[副]永远，始终 _____

35 糸（いと）①
[名]线 _____

36 命（いのち）①
[名]生命；最关键的东西
_____

37 ウサギ⓪
[名]兔子 _____

38 牛（うし）⓪
[名]牛 _____

39 嘘（うそ）①
[名]谎言，假话 _____

40 打つ（うつ）①
[动1]打，揍；碰撞 _____

41 移す（うつす）②
[动1]移动；转移 _____

42 腕（うで）②
[名]手臂；本领，技能
_____

43 馬（うま）②
[名]马 _____

44 裏（うら）②
[名]背面，反面；内幕
_____

45 上着（うわぎ）⓪
[名]外套，上衣 _____

46 エアコン⓪
[名]空调 _____

47 エアポート③
[名]机场 _____

48 餌（えさ）②
[名]饵；诱饵 _____

49 枝（えだ）⓪
[名]树枝 _____

50 エネルギー②
[名]能源 _____

51 蝦（えび）⓪
[名]虾 _____

52 絵文字（えもじ）⓪
[名]表情符号 _____

53 円滑（えんかつ）⓪
[形2]圆滑的；顺利的 _____

54 お祝い（おいわい）⓪
[动3]祝贺，庆祝 _____

55 追う（おう）⓪
[动1]追赶；追求 _____

56 黄金（おうごん）⓪
[名]黄金 _____

57 応募（おうぼ）⓪
[动3]报名，应征 _____

58 大型（おおがた）⓪
[形2]大型的 ＿＿＿＿＿＿＿

59 オーケー①
[叹]好 ＿＿＿＿＿＿＿

60 大声（おおごえ）③
[名]大声 ＿＿＿＿＿＿＿

61 オーバー①
[动3]超出，超过 ＿＿＿＿＿＿＿

62 大晦日（おおみそか）③
[名]除夕 ＿＿＿＿＿＿＿

63 贈る（おくる）⓪
[动1]赠送 ＿＿＿＿＿＿＿

64 押入れ（おしいれ）⓪
[名]壁橱 ＿＿＿＿＿＿＿

65 落ち着く（おちつく）⓪
[动1]沉着，镇静 ＿＿＿＿＿＿＿

66 夫（おっと）⓪
[名]丈夫 ＿＿＿＿＿＿＿

67 男の子（おとこのこ）③
[名]男孩子 ＿＿＿＿＿＿＿

68 訪れる（おとずれる）④
[动2]访问，拜访；到来
＿＿＿＿＿＿＿

69 オフィス①
[名]办公室 ＿＿＿＿＿＿＿

70 主（おも）①
[形2]主要的，重要的 ＿＿＿＿＿＿＿

71 重たい（おもたい）⓪
[形1]（物品）重的；（心情）沉重的
＿＿＿＿＿＿＿

72 表（おもて）③
[名]表面，正面；外表，外观
＿＿＿＿＿＿＿

73 おやつ②
[名]点心，茶点 ＿＿＿＿＿＿＿

74 折る（おる）①
[动1]折，折断；折叠 ＿＿＿＿＿＿＿

75 オレンジ②
[名]橙子；橙色 ＿＿＿＿＿＿＿

76 音楽家（おんがくか）⓪
[名]音乐家 ＿＿＿＿＿＿＿

77 温度（おんど）①
[名]温度 ＿＿＿＿＿＿＿

か行

78 カード①
[名]银行卡；卡片 ＿＿＿＿＿＿＿

79 解決（かいけつ）⓪
[动3]解决 ＿＿＿＿＿＿＿

80 開始（かいし）⓪
[动3]开始 ＿＿＿＿＿＿＿

81 ガイドブック④
[名]导游手册，旅行指南
＿＿＿＿＿＿＿

82 外来語（がいらいご）⓪
[名]外来语 ＿＿＿＿＿＿＿

83 会話（かいわ）⓪
[名]会话，对话 ＿＿＿＿＿＿＿

84 変える（かえる）⓪
[动2]改变，变更 ＿＿＿＿＿＿＿

85 換える（かえる）⓪
[动2]更换，交换 ＿＿＿＿＿＿＿

86 鏡（かがみ）③
[名]镜子 ＿＿＿＿＿＿＿

87	書き方（かきかた）③ [名]写法 _____	103	家庭（かてい）⓪ [名]家庭 _____
88	書留（かきとめ）⓪ [名]挂号（信）_____	104	家内（かない）① [名]（自己的）妻子 _____
89	嗅ぐ（かぐ）⓪ [动1]闻，嗅 _____	105	悲しむ（かなしむ）③ [动1]（感到）悲伤 _____
90	影（かげ）① [名]影子 _____	106	鐘（かね）⓪ [名]钟，钟声 _____
91	ガス① [名]气体；煤气 _____	107	金持ち（かねもち）③ [名]有钱人 _____
92	数（かず）① [名]数字，数目 _____	108	花瓶（かびん）⓪ [名]花瓶 _____
93	数える（かぞえる）③ [动2]数，计算；列举 _____	109	我慢（がまん）① [动3]忍耐，容忍 _____
94	肩（かた）① [名]肩膀 _____	110	神（かみ）① [名]神灵 _____
95	固い（かたい）⓪ [形1]坚硬的；顽固的 _____	111	雷（かみなり）③ [名]雷 _____
96	堅い（かたい）⓪ [形1]坚硬的 _____	112	カミソリ③ [名]剃须刀 _____
97	片仮名（かたかな）③ [名]片假名 _____	113	髪の毛（かみのけ）③ [名]头发 _____
98	片付く（かたづく）③ [动1]收拾整齐；处理得当 _____	114	ガム① [名]口香糖 _____
99	がっかり② [副]失望，心灰意冷 _____	115	カラス① [名]乌鸦 _____
100	楽器（がっき）⓪ [名]乐器 _____	116	かわいそう④ [形2]可怜的 _____
101	カップ① [名]杯子 _____	117	変わり（かわり）⓪ [名]变化，改变 _____
102	カップル① [名]情侣，恋人 _____	118	代わり（かわり）⓪ [名]代替，取代 _____

119 缶（かん）①
[名]（金属制的）罐子 ＿＿＿＿＿＿

120 考え出す（かんがえだす）⑤
[动1] 想出来；开始思考
＿＿＿＿＿＿

121 関係（かんけい）⓪
[名] 关系 ＿＿＿＿＿＿

122 看護師（かんごし）③
[名] 护士 ＿＿＿＿＿＿

123 感謝（かんしゃ）①
[动3] 感谢 ＿＿＿＿＿＿

124 関心（かんしん）⓪
[动3] 关心，感兴趣 ＿＿＿＿＿＿

125 元旦（がんたん）⓪
[名] 元旦 ＿＿＿＿＿＿

126 感動（かんどう）⓪
[动3] 感动 ＿＿＿＿＿＿

127 看板（かんばん）⓪
[名] 招牌；牌子 ＿＿＿＿＿＿

128 聞かせる（きかせる）⓪
[动2] 说给……听，让……听
＿＿＿＿＿＿

129 菊（きく）②
[名] 菊花 ＿＿＿＿＿＿

130 期限（きげん）①
[名] 期限 ＿＿＿＿＿＿

131 気候（きこう）⓪
[名] 气候 ＿＿＿＿＿＿

132 岸（きし）②
[名] 岸，岸边 ＿＿＿＿＿＿

133 汽車（きしゃ）②
[名] 火车 ＿＿＿＿＿＿

134 技術（ぎじゅつ）①
[名] 技术，工艺 ＿＿＿＿＿＿

135 北（きた）⓪
[名] 北，北边 ＿＿＿＿＿＿

136 キッチン①
[名] 厨房 ＿＿＿＿＿＿

137 喫煙所（きつえんじょ）⓪
[名] 吸烟处 ＿＿＿＿＿＿

138 機能（きのう）①
[动3] 起作用 ＿＿＿＿＿＿

139 希望（きぼう）⓪
[动3] 希望，期望 ＿＿＿＿＿＿

140 客（きゃく）⓪
[名] 客人，顾客 ＿＿＿＿＿＿

141 キャベツ①
[名] 圆白菜，卷心菜 ＿＿＿＿＿＿

142 キャリア①
[名] 履历；职业生涯 ＿＿＿＿＿＿

143 キャンセル①
[动3] 取消，作废 ＿＿＿＿＿＿

144 きゅうり①
[名] 黄瓜 ＿＿＿＿＿＿

145 教育（きょういく）⓪
[名] 教育 ＿＿＿＿＿＿

146 教会（きょうかい）⓪
[名] 教会；教堂 ＿＿＿＿＿＿

147 金（きん）①
[名] 黄金；金钱 ＿＿＿＿＿＿

148 銀（ぎん）①
[名] 银；银色 ＿＿＿＿＿＿

149 金色（きんいろ）⓪
[名] 金色 ＿＿＿＿＿＿

150 銀色（ぎんいろ）⓪
[名]银色，银白色 ＿＿＿＿＿＿＿＿

151 草（くさ）②
[名]草，杂草 ＿＿＿＿＿＿＿＿

152 臭い（くさい）②
[形1]臭的，难闻的 ＿＿＿＿＿＿＿＿

153 薬屋（くすりや）⓪
[名]药店 ＿＿＿＿＿＿＿＿

154 口（くち）⓪
[名]嘴；出入口

＿＿＿＿＿＿＿＿

155 クッキー①
[名]曲奇饼干 ＿＿＿＿＿＿＿＿

156 配る（くばる）②
[动1]分配，分给 ＿＿＿＿＿＿＿＿

157 首（くび）⓪
[名]头，头部 ＿＿＿＿＿＿＿＿

158 熊（くま）②
[名]熊 ＿＿＿＿＿＿＿＿

159 雲（くも）①
[名]云彩 ＿＿＿＿＿＿＿＿

160 暮らし（くらし）⓪
[名]生活，生计 ＿＿＿＿＿＿＿＿

161 クラスメート④
[名]同班同学 ＿＿＿＿＿＿＿＿

162 クラブ①
[名]俱乐部 ＿＿＿＿＿＿＿＿

163 比べる（くらべる）⓪
[动2]比较，对比；较量

＿＿＿＿＿＿＿＿

164 クリーム②
[名]奶油；乳，霜 ＿＿＿＿＿＿＿＿

165 苦しい（くるしい）③
[形1]痛苦的；苦恼的

＿＿＿＿＿＿＿＿

166 毛（け）⓪
[名]头发；毛 ＿＿＿＿＿＿＿＿

167 経営（けいえい）⓪
[动3]经营，运营 ＿＿＿＿＿＿＿＿

168 警察（けいさつ）⓪
[名]警察 ＿＿＿＿＿＿＿＿

169 ゲーム①
[名]游戏；竞技，比赛

＿＿＿＿＿＿＿＿

170 景色（けしき）①
[名]景色 ＿＿＿＿＿＿＿＿

171 結果（けっか）⓪
[名]结果 ＿＿＿＿＿＿＿＿

172 決して（けっして）⓪
[副]（后接否定）决（不）

＿＿＿＿＿＿＿＿

173 決定（けってい）⓪
[名]决定 ＿＿＿＿＿＿＿＿

174 煙（けむり）⓪
[名]烟，烟状物 ＿＿＿＿＿＿＿＿

175 県（けん）①
[名]（日本行政区划中的）县

＿＿＿＿＿＿＿＿

176 原因（げんいん）⓪
[名]原因 ＿＿＿＿＿＿＿＿

177 研究員（けんきゅういん）③
[名]研究员 ＿＿＿＿＿＿＿＿

178 現在（げんざい）①
[名]现在 ＿＿＿＿＿＿＿＿

179 建設（けんせつ）⓪
[动3]建设，修建 _____

180 建築（けんちく）⓪
[动3]建筑，建造 _____

181 現場（げんば）⓪
[名]现场；工地 _____

182 見物（けんぶつ）⓪
[动3]参观，游览 _____

183 語彙（ごい）①
[名]词汇 _____

184 恋しい（こいしい）③
[形1]爱慕的；怀念的，眷恋的
_____

185 郊外（こうがい）①
[名]郊外 _____

186 講義（こうぎ）①
[名]讲义 _____

187 工業（こうぎょう）①
[名]工业 _____

188 航空券（こうくうけん）③
[名]机票 _____

189 高校生（こうこうせい）③
[名]高中生 _____

190 校長（こうちょう）⓪
[名]（中小学的）校长 _____

191 行動（こうどう）⓪
[动3]行动 _____

192 後輩（こうはい）⓪
[名]晚辈；学弟，学妹 _____

193 交番（こうばん）⓪
[名]派出所 _____

194 越える（こえる）⓪
[动2]越过（山峰等）；超越
_____

195 コーナー①
[名]角落；柜台 _____

196 氷（こおり）⓪
[名]冰 _____

197 ゴール①
[名]终点；目标 _____

198 国外（こくがい）②
[名]国外 _____

199 国際（こくさい）⓪
[名]国际 _____

200 告白（こくはく）⓪
[动3]表白；坦白 _____

201 黒板（こくばん）⓪
[名]黑板 _____

202 コスト①
[名]成本 _____

203 小包（こづつみ）②
[名]包裹 _____

204 細かい（こまかい）③
[形1]细小的，零碎的；详细的
_____

205 米（こめ）②
[名]大米 _____

206 頃（ころ）①
[名]时候，时期 _____

207 怖い（こわい）②
[形1]可怕的，令人害怕的
_____

208 怖がる（こわがる）③
[动1]害怕 _____

音频

209 材料（ざいりょう）③
[名]材料；素材 _____

210 サイン①
[动3]签名 _____

211 坂（さか）②
[名]斜坡 _____

212 酒屋（さかや）⓪
[名]酒馆 _____

213 盛ん（さかん）⓪
[形2]兴盛的，繁荣的；盛大的
_____

214 作文（さくぶん）⓪
[名]作文 _____

215 叫ぶ（さけぶ）②
[动1]喊叫；呼吁 _____

216 差す（さす）①
[动1]照射；撑着，打着
_____

217 指す（さす）①
[动1]指，指着；指向
_____

218 座席（ざせき）⓪
[名]座位 _____

219 札（さつ）⓪
[名]纸币 _____

220 撮影（さつえい）⓪
[动3]拍照，摄影 _____

221 殺人（さつじん）⓪
[名]杀人 _____

222 サツマイモ⓪
[名]红薯 _____

223 さまざま②
[形2]形形色色的，各种各样的
_____

224 覚める（さめる）②
[动2]醒来；清醒，醒悟
_____

225 サラダ①
[名]沙拉 _____

226 更に（さらに）①
[副]更，更加 _____

227 騒ぎ（さわぎ）①
[名]吵闹；骚乱 _____

228 三角（さんかく）①
[名]三角，三角形 _____

229 賛成（さんせい）⓪
[动3]赞成 _____

230 サンドイッチ④
[名]三明治 _____

231 幸せ（しあわせ）⓪
[形2]幸福的 _____

232 司会（しかい）⓪
[名]司仪 _____

233 四角（しかく）③
[名]四角形，方形 _____

234 仕方（しかた）⓪
[名]做法，方法 _____

235 四季（しき）②
[名]四季 _____

236 事件（じけん）①
[名]事件；案件 _____

237 自信（じしん）⓪
[名]自信 _____

238 システム ①
[名] 系统 _____

239 自然に（しぜんに）⓪
[副] 自然而然地 _____

240 舌（した）②
[名] 舌头 _____

241 下着（したぎ）⓪
[名] 内衣，贴身衣物 _____

242 試着（しちゃく）⓪
[动3] 试穿 _____

243 湿度（しつど）②
[名] 湿度 _____

244 辞典（じてん）⓪
[名] 词典 _____

245 辞表（じひょう）⓪
[名] 辞呈，辞职报告 _____

246 島（しま）②
[名] 岛，岛屿 _____

247 市民（しみん）①
[名] 市民；公民 _____

248 事務（じむ）①
[名] 事务，办公 _____

249 社会（しゃかい）①
[名] 社会 _____

250 ジャガイモ ⓪
[名] 土豆 _____

251 邪魔（じゃま）⓪
[形2] 妨碍的，阻碍的
_____

252 充実（じゅうじつ）⓪
[动3] 充实，丰富 _____

253 住宅（じゅうたく）⓪
[名] 住宅 _____

254 柔道（じゅうどう）①
[名] 柔道 _____

255 収入（しゅうにゅう）⓪
[名] 收入 _____

256 十分（じゅうぶん）③
[副] 足够地，充分地 _____

257 首都（しゅと）①
[名] 首都 _____

258 主婦（しゅふ）①
[名] 主妇 _____

259 主役（しゅやく）⓪
[名] 主角，主要人物 _____

260 小説（しょうせつ）⓪
[名] 小说 _____

261 冗談（じょうだん）③
[名] 玩笑，笑话 _____

262 情報（じょうほう）⓪
[名] 信息，情报 _____

263 植物（しょくぶつ）②
[名] 植物 _____

264 使用（しよう）⓪
[动3] 使用，利用 _____

265 知らせ（しらせ）⓪
[名] 通知，告知 _____

266 知り合い（しりあい）⓪
[名] 熟人 _____

267 進出（しんしゅつ）⓪
[动3] 进入 _____

268 神社（じんじゃ）①
[名] 神社 _____

269 親戚（しんせき）⓪
[名] 亲戚 _____

270	新年（しんねん）①	285	セール①
	[名]新年＿＿＿＿＿		[名]促销，大减价＿＿＿＿＿

271	酢（す）①	286	咳（せき）②
	[名]醋＿＿＿＿＿		[名]咳嗽＿＿＿＿＿

272	スイッチ②	287	責任（せきにん）⓪
	[名]电源开关＿＿＿＿＿		[名]责任＿＿＿＿＿

273	水道（すいどう）⓪	288	設定（せってい）⓪
	[名]自来水管道＿＿＿＿＿		[动3]设立，制定＿＿＿＿＿

274	スーパーマーケット⑤	289	セット①
	[名]超市＿＿＿＿＿		[名]一套，一组＿＿＿＿＿

275	姿（すがた）①	290	背中（せなか）⓪
	[名]姿态；打扮；面貌 ＿＿＿＿＿		[名]背，后背＿＿＿＿＿

276	少なくとも（すくなくとも）②	291	台詞（せりふ）⓪
	[副]至少＿＿＿＿＿		[名]台词＿＿＿＿＿

277	砂（すな）⓪	292	線（せん）①
	[名]沙子＿＿＿＿＿		[名]线；路线＿＿＿＿＿

278	素直（すなお）①	293	全国（ぜんこく）①
	[形2]坦率的，纯朴的 ＿＿＿＿＿		[名]全国＿＿＿＿＿

279	隅（すみ）①	294	センター①
	[名]角落＿＿＿＿＿		[名]中心，中央＿＿＿＿＿

280	すると⓪	295	選択肢（せんたくし）③
	[连]于是；那么，那样的话 ＿＿＿＿＿		[名]选项＿＿＿＿＿

281	鋭い（するどい）③	296	ソース①
	[形1]锋利的；敏锐的 ＿＿＿＿＿		[名]调味汁＿＿＿＿＿

282	正解（せいかい）⓪	297	外側（そとがわ）⓪
	[名]正确答案＿＿＿＿＿		[名]外侧＿＿＿＿＿

283	成人（せいじん）⓪	298	祖父（そふ）①
	[名]成年人＿＿＿＿＿		[名]祖父；外祖父＿＿＿＿＿

284	制度（せいど）①	299	ソファー①
	[名]制度＿＿＿＿＿		[名]沙发＿＿＿＿＿

		300	粗末（そまつ）①
			[形2]粗糙的，不精致的；怠慢的 ＿＿＿＿＿

301 それぞれ ②
[副] 各自，分别 ＿＿＿＿＿＿＿

302 それほど ⓪
[副] 那么，那样 ＿＿＿＿＿＿＿

音频

303 対応（たいおう）⓪
[动3] 适应，应付；协调
＿＿＿＿＿＿＿

304 大学院（だいがくいん）④
[名] 研究生院 ＿＿＿＿＿＿＿

305 体操（たいそう）⓪
[名] 体操 ＿＿＿＿＿＿＿

306 タイプ ①
[名] 类型 ＿＿＿＿＿＿＿

307 太陽（たいよう）①
[名] 太阳 ＿＿＿＿＿＿＿

308 倒す（たおす）②
[动1] 推倒；推翻，打倒
＿＿＿＿＿＿＿

309 タオル ①
[名] 毛巾 ＿＿＿＿＿＿＿

310 倒れる（たおれる）③
[动2] 倒下，跌倒；垮台
＿＿＿＿＿＿＿

311 竹（たけ）⓪
[名] 竹子 ＿＿＿＿＿＿＿

312 足す（たす）⓪
[动1] 添加 ＿＿＿＿＿＿＿

313 助かる（たすかる）③
[动1] 有帮助；得救，脱险
＿＿＿＿＿＿＿

314 尋ねる（たずねる）③
[动2] 寻找；询问 ＿＿＿＿＿＿＿

315 立場（たちば）③
[名] 立场 ＿＿＿＿＿＿＿

316 経つ（たつ）①
[动1]（时间）流逝 ＿＿＿＿＿＿＿

317 盾（たて）①
[名] 盾牌 ＿＿＿＿＿＿＿

318 立てる（たてる）②
[动2] 立起，竖起 ＿＿＿＿＿＿＿

319 楽しむ（たのしむ）③
[动1] 享受；期待 ＿＿＿＿＿＿＿

320 旅（たび）②
[名] 旅行，旅途 ＿＿＿＿＿＿＿

321 玉ねぎ（たまねぎ）③
[名] 洋葱 ＿＿＿＿＿＿＿

322 黙る（だまる）②
[动1] 沉默 ＿＿＿＿＿＿＿

323 段階（だんかい）⓪
[名] 阶段，步骤 ＿＿＿＿＿＿＿

324 単語（たんご）⓪
[名] 单词 ＿＿＿＿＿＿＿

325 男女（だんじょ）①
[名] 男女 ＿＿＿＿＿＿＿

326 担任（たんにん）⓪
[动3] 担任，担当 ＿＿＿＿＿＿＿

327 血（ち）⓪
[名] 血，血液；血缘 ＿＿＿＿＿＿＿

328 力（ちから）③
[名] 力气；权力；精力
＿＿＿＿＿＿＿

329 | 違い（ちがい）⓪
[名] 差异，不同；错误
_____

330 | 父親（ちちおや）⓪
[名] 父亲 _____

331 | 茶碗（ちゃわん）⓪
[名] 茶杯；饭碗 _____

332 | チャンス①
[名] 机会 _____

333 | 中華（ちゅうか）①
[名] 中华，中国 _____

334 | 中学（ちゅうがく）①
[名] 中学，初中 _____

335 | 中学校（ちゅうがっこう）③
[名] 中学，初中 _____

336 | 中心（ちゅうしん）⓪
[名] 中心，核心 _____

337 | 通行（つうこう）⓪
[动3] 通行，往来 _____

338 | 通路（つうろ）①
[名] 通道，过道 _____

339 | 次に（つぎに）②
[连] 然后，其次 _____

340 | 伝わる（つたわる）⓪
[动1] 流传；传播 _____

341 | 勤める（つとめる）③
[动2] 工作，任职 _____

342 | 努める（つとめる）③
[动2] 努力，尽力 _____

343 | 爪（つめ）⓪
[名] 指甲 _____

344 | 辛い（つらい）⓪
[形1] 痛苦的，难过的
_____

345 | デート①
[名] 约会 _____

346 | テキスト①
[名] 课本，教科书 _____

347 | 適当（てきとう）⓪
[形2] 适当的，适宜的
_____

348 | テスト①
[名] 测验，考试 _____

349 | 寺（てら）②
[名]（佛教的）寺庙 _____

350 | 電子辞書（でんしじしょ）④
[名] 电子词典 _____

351 | 展示（てんじ）⓪
[动3] 展示，展览 _____

352 | 点数（てんすう）③
[名] 分数 _____

353 | 電池（でんち）①
[名] 电池 _____

354 | 電燈（でんとう）⓪
[名] 电灯 _____

355 | 店内（てんない）①
[名] 店内，店里 _____

356 | 電報（でんぽう）⓪
[名] 电报 _____

357 | 動物（どうぶつ）⓪
[名] 动物 _____

358 | 都会（とかい）⓪
[名] 都市，城市 _____

359 時（とき）②
[名] 时候，时间；时光

_____

360 床屋（とこや）⓪
[名] 理发店 _____

361 年（とし）②
[名] 年；年龄，岁数 _____

362 都市（とし）①
[名] 都市，城市 _____

363 土地（とち）⓪
[名] 土地，土壤；当地

_____

364 トマト①
[名] 西红柿，番茄 _____

365 虎（とら）⓪
[名] 老虎 _____

366 取引（とりひき）②
[动3] 交易，贸易 _____

な行

音频

367 直す（なおす）②
[动1] 改正；修改；修理

_____

368 直る（なおる）②
[动1] 修好；复原；改正过来

_____

369 仲間（なかま）③
[名] 伙伴，同志 _____

370 流れる（ながれる）③
[动2] 流动；（时间）流逝

_____

371 鍋（なべ）①
[名] 锅；火锅 _____

372 生（なま）①
[名] 生；直接 _____

373 波（なみ）②
[名] 波浪 _____

374 涙（なみだ）①
[名] 眼泪 _____

375 悩む（なやむ）②
[动1] 烦恼 _____

376 なるほど⓪
[副] 果然，的确，怪不得

_____

377 なんで①
[副] 为什么 _____

378 なんでも①
[副] 无论什么；不管怎样

_____

379 にこにこ①
[副] 笑眯眯地 _____

380 西口（にしぐち）⓪
[名] 西侧出入口 _____

381 虹（にじ）⓪
[名] 彩虹 _____

382 日常（にちじょう）⓪
[名] 日常，平时 _____

383 入国（にゅうこく）⓪
[名] 入境 _____

384 人数（にんずう）①
[名] 人数 _____

385 願う（ねがう）②
[动1] 请求；希望 _____

386 葱（ねぎ）①
[名] 葱 _____

387 鼠（ねずみ）⓪
[名]老鼠 ＿＿＿＿＿＿＿

388 熱心（ねっしん）①
[形2]热心的，热情的 ＿＿＿＿＿＿＿

389 年末（ねんまつ）⓪
[名]年底 ＿＿＿＿＿＿＿

390 残す（のこす）②
[动1]留下，剩下 ＿＿＿＿＿＿＿

391 のんびり③
[副]悠闲自在地，无拘无束地

＿＿＿＿＿＿＿

は行

音频

392 バイオリン⓪
[名]小提琴 ＿＿＿＿＿＿＿

393 吐く（はく）①
[动1]吐出，呕吐 ＿＿＿＿＿＿＿

394 博物館（はくぶつかん）④
[名]博物馆 ＿＿＿＿＿＿＿

395 始まり（はじまり）⓪
[名]开始；起源 ＿＿＿＿＿＿＿

396 バター①
[名]黄油 ＿＿＿＿＿＿＿

397 肌（はだ）①
[名]皮肤 ＿＿＿＿＿＿＿

398 はっきり③
[副]清楚地，明确地 ＿＿＿＿＿＿＿

399 発展（はってん）⓪
[动3]发展 ＿＿＿＿＿＿＿

400 離す（はなす）②
[动1]松开；使……离开

＿＿＿＿＿＿＿

401 花見（はなみ）③
[名]赏花；赏樱花 ＿＿＿＿＿＿＿

402 バンド⓪
[名]乐队；腰带，皮带 ＿＿＿＿＿＿＿

403 ハンバーグ③
[名]汉堡牛肉饼 ＿＿＿＿＿＿＿

404 光る（ひかる）②
[动1]发光 ＿＿＿＿＿＿＿

405 東（ひがし）⓪
[名]东，东方 ＿＿＿＿＿＿＿

406 髭（ひげ）⓪
[名]胡子 ＿＿＿＿＿＿＿

407 ビジネス①
[名]商业；事务，工作

＿＿＿＿＿＿＿

408 美術（びじゅつ）①
[名]美术 ＿＿＿＿＿＿＿

409 人々（ひとびと）②
[名]人们，众人 ＿＿＿＿＿＿＿

410 秘密（ひみつ）⓪
[名]秘密 ＿＿＿＿＿＿＿

411 評価（ひょうか）①
[名]评价 ＿＿＿＿＿＿＿

412 美容（びよう）⓪
[名]美容 ＿＿＿＿＿＿＿

413 昼ご飯（ひるごはん）③
[名]午饭 ＿＿＿＿＿＿＿

414 不安（ふあん）⓪
[形2]担心的，不安的 ＿＿＿＿＿＿＿

415 夫婦（ふうふ）①
[名]夫妻 ＿＿＿＿＿＿＿

416 部活（ぶかつ）⓪
[名]社团活动 ＿＿＿＿＿＿＿

417　無事（ぶじ）⓪
[形2] 安全的；顺利的 ＿＿＿＿＿＿＿＿

418　豚肉（ぶたにく）⓪
[名] 猪肉 ＿＿＿＿＿＿＿

419　普段（ふだん）①
[副] 平时，平常 ＿＿＿＿＿＿＿

420　布団（ふとん）⓪
[名] 被子，褥子 ＿＿＿＿＿＿＿

421　葡萄（ぶどう）⓪
[名] 葡萄 ＿＿＿＿＿＿＿

422　ブラシ①
[名] 刷子 ＿＿＿＿＿＿＿

423　ブランド⓪
[名] 商标，品牌 ＿＿＿＿＿＿＿

424　フルーツ②
[名] 水果 ＿＿＿＿＿＿＿

425　プレゼント②
[名] 礼物 ＿＿＿＿＿＿＿

426　プロジェクト②
[名] 课题，项目 ＿＿＿＿＿＿＿

427　文化（ぶんか）①
[名] 文化 ＿＿＿＿＿＿＿

428　文学（ぶんがく）①
[名] 文学 ＿＿＿＿＿＿＿

429　ページ⓪
[名] 页，页数 ＿＿＿＿＿＿＿

430　ペン①
[名] 钢笔 ＿＿＿＿＿＿＿

431　返却（へんきゃく）⓪
[动3] 归还，退还 ＿＿＿＿＿＿＿

432　返事（へんじ）③
[动3] 回复 ＿＿＿＿＿＿＿

433　便利（べんり）①
[形2] 方便的，便利的
＿＿＿＿＿＿＿

434　ポイント⓪
[名] 积分；要点 ＿＿＿＿＿＿＿

435　貿易（ぼうえき）⓪
[名] 贸易 ＿＿＿＿＿＿＿

436　方向（ほうこう）⓪
[名] 方向；方针 ＿＿＿＿＿＿＿

437　方法（ほうほう）⓪
[名] 方法 ＿＿＿＿＿＿＿

438　ポケット②
[名] 口袋 ＿＿＿＿＿＿＿

439　星（ほし）⓪
[名] 星星 ＿＿＿＿＿＿＿

ま行

音频

440　毎月（まいつき）⓪
[名] 每个月 ＿＿＿＿＿＿＿

441　毎年（まいとし）⓪
[名] 每年 ＿＿＿＿＿＿＿

442　枕（まくら）①
[名] 枕头 ＿＿＿＿＿＿＿

443　曲げる（まげる）⓪
[动2] 弯，曲 ＿＿＿＿＿＿＿

444　マッチ①
[名] 火柴 ＿＿＿＿＿＿＿

445　窓（まど）①
[名] 窗户，窗子 ＿＿＿＿＿＿＿

446　マナー①
[名] 礼节，规矩；礼貌
＿＿＿＿＿＿＿

447 学ぶ（まなぶ）⓪
[动1] 学习 ＿＿＿＿＿＿＿＿＿

448 豆（まめ）②
[名] 豆子，豆类 ＿＿＿＿＿＿＿

449 眉（まゆ）①
[名] 眉毛 ＿＿＿＿＿＿＿＿＿

450 丸い（まるい）⓪
[形1] 圆的 ＿＿＿＿＿＿＿＿

451 真ん中（まんなか）⓪
[名] 正中间，正中央 ＿＿＿＿＿＿

452 右側（みぎがわ）⓪
[名] 右侧 ＿＿＿＿＿＿＿＿

453 味噌（みそ）①
[名] 大酱 ＿＿＿＿＿＿＿＿

454 南（みなみ）⓪
[名] 南，南边 ＿＿＿＿＿＿＿

455 ミルク①
[名] 牛奶 ＿＿＿＿＿＿＿＿

456 向こう（むこう）②
[名] 对面；对方 ＿＿＿＿＿＿

457 無理（むり）①
[形2] 难以办到的 ＿＿＿＿＿＿

458 無料（むりょう）⓪
[名] 免费 ＿＿＿＿＿＿＿＿

459 名刺（めいし）⓪
[名] 名片 ＿＿＿＿＿＿＿＿

460 名所（めいしょ）③
[名] 名胜 ＿＿＿＿＿＿＿＿

461 目薬（めぐすり）②
[名] 眼药水 ＿＿＿＿＿＿＿

462 メニュー①
[名] 菜单 ＿＿＿＿＿＿＿＿

463 メモリー①
[名] 记忆；存储（卡）
＿＿＿＿＿＿＿＿＿

464 メンバー①
[名] 成员 ＿＿＿＿＿＿＿＿

465 燃える（もえる）⓪
[动2] 燃烧，着火 ＿＿＿＿＿＿

466 目的（もくてき）⓪
[名] 目的 ＿＿＿＿＿＿＿＿

467 文字（もじ）①
[名] 文字 ＿＿＿＿＿＿＿＿

468 桃（もも）⓪
[名] 桃树；桃子 ＿＿＿＿＿＿

や行

音频

469 八百屋（やおや）⓪
[名] 蔬菜店，水果店 ＿＿＿＿＿＿＿

470 焼き肉（やきにく）⓪
[名] 烤肉 ＿＿＿＿＿＿＿＿

471 易い（やすい）②
[形1] 容易的 ＿＿＿＿＿＿＿

472 友好（ゆうこう）⓪
[名] 友好 ＿＿＿＿＿＿＿＿

473 許す（ゆるす）②
[动1] 原谅 ＿＿＿＿＿＿＿

474 様子（ようす）⓪
[名] 样子，神情 ＿＿＿＿＿＿

475 ようやく⓪
[副] 渐渐；终于，好不容易
＿＿＿＿＿＿＿＿＿

476 予約（よやく）⓪
[动3] 预约，预订 ＿＿＿＿＿＿

477 ラッキー①
[形2] 幸运的 ＿＿＿＿＿＿＿

478 リーダー①
[名] 领导，领袖 ＿＿＿＿＿＿＿

479 離婚（りこん）⓪
[动3] 离婚 ＿＿＿＿＿＿＿

480 理想（りそう）⓪
[名] 理想 ＿＿＿＿＿＿＿

481 理由（りゆう）⓪
[名] 理由 ＿＿＿＿＿＿＿

482 両側（りょうがわ）⓪
[名] 两侧 ＿＿＿＿＿＿＿

483 両方（りょうほう）③
[名] 双方 ＿＿＿＿＿＿＿

484 料理（りょうり）①
[名] 菜肴 ＿＿＿＿＿＿＿

485 リラックス②
[动3] 放松 ＿＿＿＿＿＿＿

486 例（れい）①
[名] 例子 ＿＿＿＿＿＿＿

487 礼（れい）①
[名] 行礼；道谢 ＿＿＿＿＿＿＿

488 レベル①
[名] 水准，水平 ＿＿＿＿＿＿＿

489 廊下（ろうか）⓪
[名] 走廊，过道 ＿＿＿＿＿＿＿

490 老人（ろうじん）⓪
[名] 老年人 ＿＿＿＿＿＿＿

491 労働（ろうどう）⓪
[动3] 劳动 ＿＿＿＿＿＿＿

492 若者（わかもの）⓪
[名] 年轻人 ＿＿＿＿＿＿＿

493 別れる（わかれる）③
[动2] 分别，分离；分手
＿＿＿＿＿＿＿

494 分かれる（わかれる）③
[动2] 分开；区分 ＿＿＿＿＿＿＿

495 わくわく①
[副] 心扑通扑通地跳 ＿＿＿＿＿＿＿

496 訳（わけ）①
[名] 意思；原因 ＿＿＿＿＿＿＿

497 和服（わふく）⓪
[名] 和服 ＿＿＿＿＿＿＿

498 割合（わりあい）⓪
[名] 比例 ＿＿＿＿＿＿＿

499 割引（わりびき）⓪
[动3] 折扣，打折 ＿＿＿＿＿＿＿

500 悪い（わるい）②
[形1] 坏的，不好的 ＿＿＿＿＿＿＿

第25课

一、请写出假名对应的日语汉字

01. 自然	02. 絵本	03. 道路	04. 市街
05. 空港	06. 給料	07. 交通量	08. 女優
09. 数学	10. 専門	11. 時差	12. 今夜
13. 豊か	14. 別に	15. 結びます	16. 取ります
17. 泊まります	18. 生まれます	19. 渋滞します	20. 倒産します

二、请写出日语汉字对应的假名

01. せんもん	02. じょゆう	03. えいぎょうか	04. ぶひんこうじょう
05. こうそくどうろ	06. こうつうりょう	07. くうこう	08. きゅうりょう
09. しがい	10. しぜん	11. こんや	12. じさ
13. おおきな	14. ちいさな	15. むすびます	16. とまります
17. とうさんします	18. じゅうたいします	19. べつに	20. ゆたか

三、请写出中文对应的日语单词或表达

01. けが	02. エレベーター	03. 空港	04. 数学
05. 絵本	06. 別に	07. 豊か	08. チェックします
09. 給料	10. 今夜	11. 泊まります	12. 取ります
13. 結びます	14. 交通量	15. 高速道路	16. 渋滞します
17. 生まれます	18. このあたり	19. 部品工場	20. 倒産します

四、听写练习

01. 市街	02. 絵本	03. 道路	04. 数学
05. 営業課	06. 給料	07. エレベーター	08. チェックします
09. 専門	10. 大きな	11. 小さな	12. 豊か
13. 取ります	14. 生まれます	15. 渋滞します	16. 空港

第26课

一、请写出假名对应的日语汉字

01. 次　　　　　　　02. 月　　　　　　　03. 桜　　　　　　　04. 大雨
05. お辞儀　　　　　06. 握手　　　　　　07. 習慣　　　　　　08. 普通
09. 豊作　　　　　　10. お客さん　　　　11. 忘れ物　　　　　12. 会費
13. 料金　　　　　　14. 吹きます　　　　15. 足ります　　　　16. 走ります
17. 回ります　　　　18. 約束します　　　19. 発言します　　　20. 優勝します

二、请写出日语汉字对应的假名

01. て　　　　　　　02. ひょう　　　　　03. なか　　　　　　04. つぎ
05. かぜ　　　　　　06. ふきます　　　　07. ふせぎます　　　08. あげます
09. あくしゅ　　　　10. おじぎ　　　　　11. ふつう　　　　　12. しゅうかん
13. りょうきん　　　14. いろえんぴつ　　15. たります　　　　16. まわります
17. ごうかくします　18. やくそくします　19. ゆうしょうします　20. あいさつまわり

三、请写出中文对应的日语单词或表达

01. 桜　　　　　　　02. 月　　　　　　　03. 大雨　　　　　　04. 風
05. あいさつ　　　　06. 握手　　　　　　07. お辞儀　　　　　08. スーパー
09. 会費　　　　　　10. バーゲン　　　　11. クレジットカード　12. 仲
13. 次　　　　　　　14. 忘れ物　　　　　15. 吹きます　　　　16. 約束します
17. 防ぎます　　　　18. 回ります　　　　19. 走ります　　　　20. 挙げます
21. 足ります　　　　22. 優勝します　　　23. 発言します　　　24. 合格します
25. つい　　　　　　26. すぐに　　　　　27. ほとんど　　　　28. それで
29. いけない　　　　30. あいさつ回り

四、听写练习

01. 大雨　　　　　　02. 手　　　　　　　03. 握手　　　　　　04. あいさつ回り
05. 桜　　　　　　　06. 普通　　　　　　07. 習慣　　　　　　08. 忘れ物
09. クレジットカード　10. スーパー　　　11. バーゲン　　　　12. 会費
13. 料金　　　　　　14. 挙げます　　　　15. スケッチします　16. お辞儀

第27课

一、请写出假名对应的日语汉字

01. 姉	02. 日記	03. 砂糖	04. 高校
05. 教師	06. 部品	07. 経済	08. 信号
09. 説明	10. 企画	11. 大勢	12. 有料
13. 入園料	14. 入れます	15. 要ります	16. 困ります
17. 踊ります	18. 集まります	19. 相談します	20. 看病します

二、请写出日语汉字对应的假名

01. しょう	02. し	03. きょく	04. にっき
05. きょうし	06. ごはん	07. しんごう	08. せつめい
09. きかく	10. たっきゅう	11. おおぜい	12. おとしより
13. ラジオたいそう	14. かいがいりょこう	15. このまえ	16. けいざい
17. かよいます	18. りようします	19. かんびょうします	20. そうだんします

三、请写出中文对应的日语单词或表达

01. 砂糖	02. 高校	03. 経済	04. グラフ
05. スピーチ	06. アルバイト	07. 姉	08. おばあさん
09. おじいさん	10. お年寄り	11. はさみ	12. バスケットボール
13. ラジオ体操	14. スポーツセンター	15. 海外旅行	16. 要ります
17. 踊ります	18. 集まります	19. 通います	20. 入れます
21. たたきます	22. けんかします	23. 困ります	24. 相談します
25. 看病します	26. ほかに	27. そう言えば	28. 気がつきます
29. この前	30. しばらくです		

四、听写练习

01. 日記	02. 砂糖	03. グラフ	04. 有料
05. 入園料	06. アルバイト	07. スピーチ	08. バスケットボール
09. スポーツセンター	10. 高校	11. 教師	12. 信号
13. 経済	14. そう言えば	15. 気がつきます	16. お年寄り

第28课

一、请写出假名对应的日语汉字

01. 家具　　　　　02. 孫　　　　　　03. 意味　　　　　04. 発音
05. 文章　　　　　06. 係　　　　　　07. 支社長　　　　08. 就職
09. 雰囲気　　　　10. 新居　　　　　11. 引っ越し　　　12. 近所
13. 大使館　　　　14. 不動産屋　　　15. 飲食店　　　　16. 新鮮
17. 訳します　　　18. 案内します　　19. 交換します　　20. 紹介します

二、请写出日语汉字对应的假名

01. しんせん　　　02. とくい　　　　03. きんじょ　　　04. しんきょ
05. どのへん　　　06. ひっこし　　　07. ふどうさんや　08. かぐ
09. かかり　　　　10. ふんいき　　　11. いみ　　　　　12. はつおん
13. ぶんしょう　　14. しゅうしょく　15. とどけます　　16. ひろいます
17. やくします　　18. あんないします　19. しょうかいします　20. こうかんします

三、请写出中文对应的日语单词或表达

01. マフラー　　　02. ネックレス　　03. 孫　　　　　　04. インターネット
05. 就職　　　　　06. 係　　　　　　07. 支社長　　　　08. 家具
09. 引っ越し　　　10. 新居　　　　　11. 近所　　　　　12. 飲食店
13. 大使館　　　　14. 雰囲気　　　　15. 新鮮　　　　　16. 得意
17. すてき　　　　18. うまく　　　　19. くれます　　　20. 拾います
21. 紹介します　　22. 交換します　　23. 訳します　　　24. 文章
25. 意味　　　　　26. 案内します　　27. 届けます　　　28. それに
29. どの辺　　　　30. どういたしまして

四、听写练习

01. 孫　　　　　　02. 発音　　　　　03. マフラー　　　04. ネックレス
05. インターネット　06. 案内します　　07. 紹介します　　08. 就職
09. 拾います　　　10. 届けます　　　11. 家具　　　　　12. 近所
13. 得意　　　　　14. 新鮮　　　　　15. 意味　　　　　16. 雰囲気

单元测试（七）

もんだい1

[1] 4   [2] 3   [3] 2   [4] 1   [5] 4

もんだい2

[1] 3   [2] 2   [3] 3   [4] 4   [5] 1

もんだい3

[1] 2   [2] 2   [3] 3   [4] 1   [5] 1

第29课

一、请写出假名对应的日语汉字

01. 鳥	02. 漢字	03. 場合	04. 質問
05. 迷惑	06. 乱暴	07. 失礼	08. 危険
09. 戦争	10. 年上	11. 警官	12. 標識
13. 丁寧に	14. 守ります	15. 破ります	16. 変わります
17. 謝ります	18. 頑張ります	19. 遠慮します	20. 注意します

二、请写出日语汉字对应的假名

01. おなじ	02. けいかん	03. かんじ	04. しつもん
05. きかくしょ	06. めんきょしょう	07. テレビこうざ	08. おうだんきんし
09. やきゅうじょう	10. したしい	11. かわった	12. ひきます
13. こたえます	14. おぼえます	15. たすけます	16. つけます
17. にげます	18. とまります	19. ていしゅつします	20. かぜをひきます

三、请写出中文对应的日语单词或表达

01. マーク	02. 標識	03. テーブル	04. スピード
05. 場合	06. 迷惑	07. 免許証	08. サボります
09. 破ります	10. 守ります	11. 逃げます	12. 遠慮します
13. 謝ります	14. 止まります	15. 引きます	16. 付けます
17. 助けます	18. 頑張ります	19. 覚えます	20. 提出します
21. シュートします	22. 危険	23. 乱暴	24. 失礼

25. 親しい　　　　　26. 丁寧に　　　　　27. そんなに　　　　　28. 同じ

29. 変わった　　　　30. 風邪を引きます

四、听写练习

01. テーブル	02. スピード	03. マーク	04. 年上
05. 企画書	06. 親しい	07. サボります	08. 頑張ります
09. 謝ります	10. 変わります	11. シュートします	12. 注意します
13. 提出します	14. 丁寧に	15. 変わった	16. 同じ

第30课

一、请写出假名对应的日语汉字

01. 秋	02. 梅雨	03. 彼	04. 吸殻
05. 灰皿	06. 患者	07. 行楽地	08. 終電
09. 待合室	10. 宅配便	11. 報告書	12. 特別
13. 寂しい	14. 楽しみ	15. 寄ります	16. 開きます
17. 間違えます	18. 引っ越します	19. 出発します	20. 転職します

二、请写出日语汉字对应的假名

01. は	02. かれ	03. あき	04. つゆ
05. しゅうでん	06. まちあいしつ	07. とくべつ	08. かんじゃ
09. はいざら	10. ほうこくしょ	11. こうらくち	12. たくはいびん
13. ひらきます	14. むかえます	15. こわれます	16. ひっこします
17. しゅっぱつします	18. さびしい	19. たのしみ	20. しかたない

三、请写出中文对应的日语单词或表达

01. 秋	02. ピクニック	03. 行楽地	04. 終電
05. 歯	06. ピザ	07. 楽しみ	08. 寂しい
09. 開きます	10. そろいます	11. 寄ります	12. 出発します
13. 迎えます	14. 壊れます	15. パンクします	16. 間違えます
17. 転職します	18. 引っ越します	19. それでは / それじゃ	20. 仕方ない

01. ピザ   02. 梅雨   03. 彼   04. 患者

05. ピクニック   06. 楽しみ   07. パンクします   08. 特別

09. 転職します   10. 出発します   11. 仕方ない   12. 間違えます

13. 迎えます   14. 壊れます   15. 寄ります   16. 寂しい

第31课

一、请写出假名对应的日语汉字

01. 以降   02. 階段   03. 会員   04. 電源

05. 人間   06. 特典   07. 白鳥   08. お手洗い

09. 卓球台   10. 回します   11. 押します   12. 怒ります

13. 下ります   14. 下がります   15. 動きます   16. 故障します

17. 美しい   18. 詳しい   19. 自由   20. 気持ち悪い

二、请写出日语汉字对应的假名

01. にんげん   02. かいいん   03. いこう   04. じゆう

05. ていねい   06. でんげん   07. かいだん   08. たっきゅうだい

09. おてあらい   10. うつくしい   11. くわしい   12. いきます

13. うごきます   14. おります   15. さがります   16. おこります

17. まわします   18. おします   19. こしょうします   20. きもちわるい

三、请写出中文对应的日语单词或表达

01. ブローチ   02. ボタン   03. カーテン   04. ひすい

05. プラスチック   06. コンクリート   07. サービスセンター   08. フリーズします

09. 故障します   10. 回します   11. 押します   12. つきます

13. まとめます   14. 下がります   15. 下ります   16. 以降

17. 会員   18. 特典   19. そば   20. お手洗い

21. 階段   22. スイカ   23. サイズ   24. うまい

25. 詳しい   26. 丁寧   27. きちんと   28. ただし

29. しかし   30. 気持ち悪い

四、听写练习

01. カーテン	02. ボタン	03. サイズ	04. スイカ
05. ブローチ	06. プラスチック	07. フリーズします	08. 電源
09. 生きます	10. 人間	11. 特典	12. お手洗い
13. 階段	14. 自由	15. 丁寧	16. 以降

第32课

一、请写出假名对应的日语汉字

01. 歴史	02. 列車	03. 台風	04. 天気予報
05. 旅行予定	06. 出発時刻	07. 支店	08. 宣伝
09. 新型	10. 番組	11. 彼女	12. 牛乳
13. 小学校	14. 正月休み	15. 首相	16. 強い
17. 行います	18. 乗り換えます	19. 担当します	20. お邪魔します

二、请写出日语汉字对应的假名

01. せんでん	02. しんがた	03. ぎゅうにゅう	04. れっしゃ
05. れきし	06. しゅしょう	07. しょうがっこう	08. こうそくバス
09. てんきよほう	10. スポーツようひん	11. ゆうえんち	12. きさく
13. あがります	14. やめます	15. りゅうこうします	16. にゅういんします
17. にゅうがくします	18. りゅうがくします	19. おじゃましました	20. かぜがつよい

三、请写出中文对应的日语单词或表达

01. 彼女	02. ラーメン	03. 台風	04. 正月休み
05. 旅行予定	06. 出発時刻	07. 天気予報	08. 遊園地
09. 番組	10. 支店	11. ボーナス	12. うわさ
13. インフルエンザ	14. 強い	15. 気さく	16. いろんな
17. ずっと	18. 乗り換えます	19. 列車	20. 高速バス
21. 担当します	22. 行います	23. 上がります	24. 流行します
25. 辞めます	26. 入院します	27. 留学します	28. 入学します
29. お邪魔しました	30. 風が強い		

01. ラーメン	02. ボーナス	03. インフルエンザ	04. 台風
05. お邪魔します	06. 留学します	07. 乗り換えます	08. 行います
09. ずっと	10. 首相	11. スポーツ用品	12. 歴史
13. 宣伝	14. 番組	15. 高速バス	16. 天気予報

单元测试（八）

もんだい1

[1] 4　　　　[2] 3　　　　[3] 2　　　　[4] 1　　　　[5] 3

もんだい2

[1] 2　　　　[2] 3　　　　[3] 2　　　　[4] 4　　　　[5] 1

もんだい3

[1] 1　　　　[2] 3　　　　[3] 3　　　　[4] 1　　　　[5] 4

第33课

一、请写出假名对应的日语汉字

01. 空	02. 楽	03. 帽子	04. 小物
05. 最後	06. 再会	07. 残念	08. 腕時計
09. 運転手	10. 運動会	11. 全部	12. 消えます
13. 負けます	14. 汚します	15. 壊します	16. 割れます
17. 建てます	18. 偉い	19. 急に	20. 久しぶり

二、请写出日语汉字对应的假名

01. ぜんぶ	02. ざんねん	03. さいご	04. ぼうし
05. うでどけい	06. うんどうかい	07. うんてんしゅ	08. かいます
09. つきます	10. つきます	11. かけます	12. かかります
13. よごれます	14. おちます	15. たちます	16. ならびます
17. わります	18. しまります	19. あいかわらず	20. おひさしぶりです

三、请写出中文对应的日语单词或表达

01. 空	02. カキ	03. 運転手	04. スーツケース
05. トランク	06. 小物	07. 再会	08. チーム
09. スーツ	10. T シャツ	11. ズボン	12. サンダル
13. はきます	14. 帽子	15. 腕時計	16. かぶります
17. 汚れます	18. 汚します	19. 割れます	20. 割ります
21. やみます	22. 付きます	23. 着きます	24. 急に
25. 偉い	26. 残念	27. 相変わらず	28. うっかり
29. 楽	30. それにしても		

四、听写练习

01. ズボン	02. スーツ	03. サンダル	04. トランク
05. チーム	06. カキ	07. 急に	08. 全部
09. 運転手	10. 壊します	11. 閉まります	12. 掛かります
13. スーツケース	14. うっかり	15. お久しぶりです	16. 残念

第34课

一、请写出假名对应的日语汉字

01. 事故	02. 本場	03. 玄関	04. 優秀
05. 最高	06. 論文	07. 発表会	08. 一生懸命
09. 帰り	10. 到着	11. 視察団	12. 歓迎します
13. 訪問します	14. 戻します	15. 飾ります	16. 稼ぎます
17. 焼きます	18. 続けます	19. 用意します	20. 貯金します

二、请写出日语汉字对应的假名

01. げんかん	02. はなたば	03. ろんぶん	04. ほんば
05. りょこうしゃ	06. しさつだん	07. もちかえり	08. あいます
09. のこります	10. あずけます	11. つつみます	12. たのみます
13. ならべます	14. ほうもんします	15. かんげいします	16. ひじょうに
17. ゆうしゅう	18. さいこう	19. えんりょなく	20. いっしょうけんめい

三、请写出中文对应的日语单词或表达

01. カレンダー
02. ポスター
03. はります
04. オリンピック
05. バッグ
06. ロッカー
07. しまいます
08. 戻します
09. 並べます
10. 用意します
11. 頼みます
12. 預けます
13. とっておき
14. ためます
15. 貯金します
16. 稼ぎます
17. カレーライス
18. ダイエット
19. やせます
20. 合います
21. あちこち / あっちこっち
22. おかしい
23. ひどい
24. もったいない
25. 非常に
26. しっかり
27. こんなに
28. このまま
29. 遠慮なく
30. いただきます

四、听写练习

01. バッグ
02. ロッカー
03. カレンダー
04. ポスター
05. ダイエット
06. オリンピック
07. もったいない
08. 持ち帰り
09. 非常に
10. しっかり
11. 一生懸命
12. とっておき
13. 続けます
14. 飾ります
15. カレーライス
16. 遠慮なく

第35课

一、请写出假名对应的日语汉字

01. 機会
02. 大人
03. 小学生
04. 休日
05. 表現
06. 計算
07. 成績
08. 在庫
09. 完全
10. 必要
11. 営業
12. 見つけます
13. 訪ねます
14. 腐ります
15. 当たります
16. 空きます
17. 晴れます
18. 乾杯します
19. 滞在します
20. 休憩します

二、请写出日语汉字对应的假名

01. は
02. えいぎょう
03. ちゅうし
04. ちゅうこ
05. こんげつ
06. こんかい
07. きかい
08. はんたい
09. ひつよう
10. しょうがくせい
11. たからくじ
12. けしゴム
13. うちゅうひこうし
14. ビタミンざい
15. マラソンたいかい
16. いわいます
17. ききます
18. あきます
19. さんかします
20. かんぱいします

三、请写出中文对应的日语单词或表达

01. 葉	02. カタログ	03. 在庫	04. 中古
05. 消しゴム	06. 計算	07. 表現	08. 小学生
09. マラソン大会	10. 成績	11. 祝います	12. 休日
13. 空きます	14. 大人	15. 宇宙飛行士	16. おじ
17. 宝くじ	18. ビタミン剤	19. 効きます	20. 休みます
21. 滞在します	22. 訪問します	23. もし	24. 晴れます
25. だんだん	26. へん	27. 必要	28. 完全
29. 腐ります	30. 見つけます		

四、听写练习

01. 計算	02. 中古	03. 休日	04. 大人
05. 表現	06. カタログ	07. 消しゴム	08. 反対
09. 中止	10. 営業	11. 見つけます	12. 訪ねます
13. 参加します	14. 乾杯します	15. 休憩します	16. 成績

第36课

一、请写出假名对应的日语汉字

01. 凧	02. 最初	03. 読書	04. 申請
05. 屋上	06. 工場	07. 煙突	08. 悲しい
09. 笑い声	10. ご主人	11. 交通事故	12. 量り売り
13. 騒ぎます	14. 慣れます	15. 鳴ります	16. 振ります
17. 眠ります	18. 喜びます	19. 失敗します	20. 出席します

二、请写出日语汉字对应的假名

01. しゅっしん	02. たまごやき	03. かんさいべん	04. にほんぶんか
05. にちじょうかいわ	06. せいさんコスト	07. やくだちます	08. まにあいます
09. もちあるきます	10. くりかえします	11. きこえます	12. みえます
13. なきます	14. なきます	15. やといます	16. つうじます
17. あげます	18. さげます	19. やけます	20. くろうします

三、请写出中文对应的日语单词或表达

01. フライパン	02. 卵焼き	03. ご主人	04. 関西弁
05. 工場	06. 生産コスト	07. 量り売り	08. グラウンド
09. 屋上	10. 凧	11. 揚げます	12. テープ
13. 持ち帰ります	14. 間に合います	15. ほんと	16. とにかく
17. まだまだ	18. ぺらぺら	19. 繰り返します	20. くねくね
21. 見えます	22. すやすや	23. ワンワン	24. 鳴きます
25. 鳴ります	26. 泣きます	27. びっくりします	28. ザーザー
29. ぬれます	30. 振ります		

四、听写练习

01. 最初	02. 申請	03. 出身	04. フライパン
05. 煙突	06. グラウンド	07. テープ	08. 読書
09. 日常会話	10. 交通事故	11. 騒ぎます	12. 凧
13. 慣れます	14. びっくりします	15. 屋上	16. 工場

单元测试（九）

もんだい１

[1] 2　　　　[2] 4　　　　[3] 2　　　　[4] 1　　　　[5] 3

もんだい２

[1] 2　　　　[2] 3　　　　[3] 3　　　　[4] 4　　　　[5] 1

もんだい３

[1] 1　　　　[2] 4　　　　[3] 4　　　　[4] 3　　　　[5] 2

第37课

一、请写出假名对应的日语汉字

01. 川	02. 塩	03. 規模	04. 規則
05. 費用	06. 用事	07. 単位	08. 弱い
09. 計画	10. 大会	11. 犯人	12. 番号

13. 鉄道　　　　　　14. 全長　　　　　　15. 厳しい　　　　　16. 超えます

17. 換算します　　　18. 復習します　　　19. 釈放します　　　20. 出場します

二、请写出日语汉字对应的假名

01. しお　　　　　　02. かわ　　　　　　03. こさじ　　　　　04. せかいいさん

05. ちょくつうれっしゃ　06. てつどう　　　07. ばんごう　　　　08. かんこうスポット

09. ぜんちょう　　　10. きそく　　　　　11. きぼ　　　　　　12. けいかく

13. ようじ　　　　　14. じっさいに　　　15. せいこうします　16. しゅつじょうします

17. しゃくほうします　18. ふくしゅうします　19. かんさんします　20. つまみぐいします

三、请写出中文对应的日语单词或表达

01. 計画　　　　　　02. 大会　　　　　　03. メダル　　　　　04. 規則

05. 規模　　　　　　06. 費用　　　　　　07. ソフト　　　　　08. つまみ食いします

09. 小さじ　　　　　10. 塩　　　　　　　11. 単位　　　　　　12. ボリューム

13. 番号　　　　　　14. 鉄道　　　　　　15. 直通列車　　　　16. 川

17. 全長　　　　　　18. さすが　　　　　19. 世界遺産　　　　20. 観光スポット

21. 成功します　　　22. ぜいたく　　　　23. こっそり　　　　24. 釈放します

25. 実際に　　　　　26. 厳しい　　　　　27. 弱い　　　　　　28. 出場します

29. 超えます　　　　30. 復習します

四、听写练习

01. メダル　　　　　02. ソフト　　　　　03. 犯人　　　　　　04. ボリューム

05. 小さじ　　　　　06. 単位　　　　　　07. 用事　　　　　　08. 費用

09. 大会　　　　　　10. 弱い　　　　　　11. 厳しい　　　　　12. こっそり

13. 実際に　　　　　14. 成功します　　　15. つまみ食いします　16. 計画

第38课

一、请写出假名对应的日语汉字

01. 路地　　　　　　02. 棚　　　　　　　03. 畳　　　　　　　04. 刺し身

05. 着物　　　　　　06. 具合　　　　　　07. 試合　　　　　　08. 商品

09. 最終　　　　　　10. 伝統的　　　　　11. この辺　　　　　12. 勝ちます

13. 減ります　　　　14. 感じます　　　　15. 入り組みます　　16. 取り替えます

17. 通り抜けます　　18. 動かします　　19. 火傷します　　20. 徹夜します

二、请写出日语汉字对应的假名

01. たたみ	02. きもの	03. しょうひん	04. ぐあい
05. しあい	06. はんぶん	07. さいしゅう	08. さしみ
09. にほんしょく	10. でんとうてき	11. ごみばこ	12. ひらがな
13. あかちゃん	14. えいじしんぶん	15. いそいで	16. かちます
17. やけどします	18. てつやします	19. いりくみます	20. とおりぬけます

三、请写出中文对应的日语单词或表达

01. コップ	02. ペットボトル	03. タイヤ	04. エンジン
05. なんだか	06. 感じます	07. ストレス	08. この辺
09. 急いで	10. 具合	11. 入り組みます	12. 路地
13. 通り抜けます	14. ごみ箱	15. 減ります	16. 動かします
17. 試合	18. 勝ちます	19. 伝統的	20. 着物
21. 棚	22. 赤ちゃん	23. 畳	24. 取り替えます
25. 商品	26. 平仮名	27. 徹夜します	28. 火傷します
29. 半分	30. 最終		

四、听写练习

01. コップ	02. タイヤ	03. エンジン	04. 平仮名
05. ストレス	06. 赤ちゃん	07. 減ります	08. 感じます
09. 取り替えます	10. 試合	11. 急いで	12. この辺
13. 半分	14. 勝ちます	15. 動かします	16. 入り組みます

第39课

一、请写出假名对应的日语汉字

01. 沖	02. 霧	03. 稲	04. 屋根
05. 村	06. 空	07. 祖母	08. 黄色
09. 気温	10. 舞台	11. 資源	12. 遠く
13. 輸出	14. 海外	15. 絶対	16. 増えます
17. 連れます	18. 育ちます	19. 見渡します	20. 輸入します

二、请写出日语汉字对应的假名

01. ほう	02. むかし	03. もん	04. きり
05. かいがい	06. きいろ	07. えんだか	08. べつめい
09. いっぱん	10. きおん	11. しげん	12. えいきょう
13. かしきり	14. どうろこうじ	15. つうこうきんし	16. つうきんラッシュ
17. やがいコンサート	18. おんがくかい	19. つづきます	20. けっせきします

三、请写出中文对应的日语单词或表达

01. 村	02. 門	03. 稲	04. 育ちます
05. 屋根	06. バック	07. 昔	08. 連れます
09. 祖母	10. 沖	11. ジャズ	12. 音楽会
13. 貸し切り	14. 一般	15. 増えます	16. 円高
17. 影響	18. 資源	19. 輸出	20. 輸入します
21. 海外	22. 方	23. 通勤ラッシュ	24. 見渡します
25. 遠く	26. 続きます	27. なくなります	28. 欠席します
29. せっかく	30. 絶対		

四、听写练习

01. バック	02. ジャズ	03. せっかく	04. 円高
05. 絶対	06. 通行禁止	07. 別名	08. 舞台
09. 道路工事	10. 貸し切り	11. 一般	12. 影響
13. 欠席します	14. 輸入します	15. 見渡します	16. 屋根

第40课

一、请写出假名对应的日语汉字

01. 耳	02. 奥	03. 娘	04. 子犬
05. 時代	06. 機嫌	07. 役者	08. 先日
09. 劇場	10. 試写会	11. 招待券	12. 入場券
13. 回数券	14. 最終便	15. 漏れます	16. 向かいます
17. 開通します	18. 改築します	19. 完成します	20. 入社します

二、请写出日语汉字对应的假名

01. むすめ
02. おく
03. みみ
04. けん
05. せんじつ
06. じだい
07. こいぬ
08. げきじょう
09. やくしゃ
10. にゅうじょうけん
11. かいすうけん
12. さいしゅうびん
13. コピーき
14. もれます
15. むかいます
16. かいちくします
17. かんせいします
18. にゅうしゃします
19. かいつうします
20. おまたせしました

三、请写出中文对应的日语单词或表达

01. 役者
02. 劇場
03. ダンス
04. 試写会
05. 招待券
06. 向かいます
07. 奥
08. 入社します
09. コピー機
10. オイル
11. モノレール
12. 完成します
13. 開通します
14. 改築します
15. 娘
16. 機嫌
17. そろえます
18. 回数券
19. 漏れます
20. お待たせしました

四、听写练习

01. ダンス
02. オイル
03. モノレール
04. コピー機
05. 時代
06. 招待券
07. 最終便
08. 回数券
09. 試写会
10. 役者
11. 娘
12. 劇場
13. 入社します
14. 完成します
15. お待たせしました
16. 機嫌

单元测试（十）

もんだい1

[1] 1 　　　　[2] 3 　　　　[3] 2 　　　　[4] 4 　　　　[5] 3

もんだい2

[1] 2 　　　　[2] 3 　　　　[3] 4 　　　　[4] 1 　　　　[5] 2

もんだい3

[1] 3 　　　　[2] 4 　　　　[3] 3 　　　　[4] 1 　　　　[5] 1

第41课

一、请写出假名对应的日语汉字

01. 嵐	02. 遺跡	03. 世代	04. 小鳥
05. 今後	06. 昨年	07. 調査	08. 市場
09. 上司	10. 出荷	11. 成長	12. 牛肉
13. 魅力	14. 幅広い	15. 発明します	16. 開発します
17. 実現します	18. 製造します	19. 生産します	20. 発売します

二、请写出日语汉字对应的假名

01. ばんぱく	02. じょうし	03. ていかかく	04. ごうべんがいしゃ
05. こうつうじじょう	06. もっとも	07. たいりょう	08. おおはば
09. さそいます	10. もとめます	11. いたります	12. はかります
13. ぬすみます	14. ふみます	15. みこみます	16. はっけんします
17. そうりつします	18. じしょくします	19. ほんやくします	20. ほうそうします

三、请写出中文对应的日语单词或表达

01. すり	02. ネーミング	03. 世代	04. 出荷
05. 嵐	06. 交通事情	07. コストダウン	08. 依頼します
09. 誘います	10. 洗練します	11. すべて	12. 幅広い
13. 最も	14. 辞職します	15. かみます	16. いじめます
17. しかります	18. ほめます	19. 巻き込みます	20. 図ります
21. 見込みます	22. 翻訳します	23. 見つかります	24. 放送します
25. 起こします	26. 発売します	27. 求めます	28. ぶつけます
29. びしょぬれ	30. 参りました		

四、听写练习

01. 上司	02. 万博	03. 成長	04. ネーミング
05. コストダウン	06. 低価格	07. 牛肉	08. 市場
09. 見込みます	10. 巻き込みます	11. 見つかります	12. 洗練します
13. 最も	14. 大幅	15. 参りました	16. 出荷

第42课

一、请写出假名对应的日语汉字

01. 留守	02. 昼間	03. 次回	04. 換気
05. 講堂	06. 日程	07. 空腹	08. 目覚まし
09. 観客	10. 同僚	11. 企画案	12. 責任者
13. 確か	14. 早速	15. 直接	16. 預かります
17. 冷やします	18. 思い出します	19. 検討します	20. 出勤します

二、请写出日语汉字对应的假名

01. かんきゃく	02. こうどう	03. かんき	04. ひるま
05. にってい	06. ちょくせつ	07. じかい	08. せきにんしゃ
09. おへんじ	10. いきさき	11. とうぜん	12. じょうぶ
13. ただしい	14. ひえます	15. おれます	16. つげます
17. しんじます	18. きづきます	19. しゅっきんします	20. るすにします

三、请写出中文对应的日语单词或表达

01. 同僚	02. お返事	03. 企画案	04. 空腹
05. 目覚まし	06. アラーム	07. 日程	08. 行き先
09. 次回	10. 昼間	11. 預かります	12. 思い出します
13. 気づきます	14. 告げます	15. 信じます	16. セットします
17. 冷やします	18. 冷えます	19. 折れます	20. 早速
21. 直接	22. 出勤します	23. 検討します	24. 当然
25. きっと	26. 確か	27. 正しい	28. 丈夫
29. だって	30. 留守にします		

四、听写练习

01. 留守	02. 空腹	03. アラーム	04. だって
05. きっと	06. 早速	07. 確か	08. セットします
09. 行き先	10. お返事	11. 同僚	12. 責任者
13. 検討します	14. 預かります	15. 思い出します	16. 目覚まし

第43课

一、请写出假名对应的日语汉字

01. 部下　　　　　02. 親　　　　　　03. 多く　　　　　04. 気分

05. 物価　　　　　06. 設備　　　　　07. 品質　　　　　08. 申し出

09. 考え　　　　　10. 監督　　　　　11. 選手　　　　　12. 乗り換え

13. 斬新　　　　　14. 例えば　　　　15. 例文　　　　　16. 重要

17. 単純　　　　　18. 柔らかい　　　19. 乾きます　　　20. 経験します

二、请写出日语汉字对应的假名

01. じ　　　　　　02. じゅく　　　　03. つま　　　　　04. かんじ

05. われわれ　　　06. かたい　　　　07. あつい　　　　08. ちからづよい

09. かいじょう　　10. めんぜいてん　11. しょうひしゃ　12. せつめいしょ

13. あんないやく　14. しんきんかん　15. ぐたいてき　　16. りそうてき

17. おてつだい　　18. じょせいむけ　19. りかいします　20. そうたいします

三、请写出中文对应的日语单词或表达

01. 我々　　　　　02. もの　　　　　03. ガラス　　　　04. 洗濯物

05. 塾　　　　　　06. 申し出　　　　07. イメージ　　　08. インパクト

09. 力強い　　　　10. 引っ張ります　11. 暮らします　　12. 整います

13. 避けます　　　14. 暗記します　　15. 経験します　　16. 浮かびます

17. 受けます　　　18. 気分　　　　　19. 温めます　　　20. 乾きます

21. 提案します　　22. 試作します　　23. 売れます　　　24. 休職します

25. 斬新　　　　　26. ぐっと　　　　27. しかも　　　　28. 例えば

29. 言うまでもなく　30. そこで

四、听写练习

01. お手伝い　　　02. 洗濯物　　　　03. イメージ　　　04. ガラス

05. 引っ張ります　06. 暮らします　　07. 整います　　　08. 休職します

09. 提案します　　10. 重要　　　　　11. 具体的　　　　12. 単純

13. 理想的　　　　14. 気分　　　　　15. 言うまでもなく　16. 経験します

第44课

一、请写出假名对应的日语汉字

01. 汗	02. 縦	03. 笑い	04. 態度
05. 容器	06. 内容	07. 性格	08. 評判
09. 行列	10. 重要さ	11. 複雑さ	12. 便利さ
13. 豪華	14. 好調	15. 好評	16. 戻ります
17. 広がります	18. 驚きます	19. 恥ずかしい	20. 珍しい

二、请写出日语汉字对应的假名

01. こころ	02. ばい	03. みずうみ	04. だいじ
05. ふかい	06. あつさ	07. あつさ	08. ふとさ
09. たかさ	10. おもさ	11. ひかえめ	12. しんにゅうしゃいん
13. しゃいんりょこう	14. のりもの	15. うれゆき	16. たいど
17. ひょうばん	18. ごうか	19. こうちょう	20. じっかんします

三、请写出中文对应的日语单词或表达

01. アニメ	02. パワー	03. 大型スーパー	04. サイレン
05. パトカー	06. 売れ行き	07. ビアガーデン	08. 美しさ
09. おいしさ	10. おもしろさ	11. 便利さ	12. 暑さ
13. 評判	14. 甘さ	15. 速さ	16. 深さ
17. 長さ	18. 広さ	19. 大きさ	20. 広がります
21. 戻ります	22. 驚きます	23. しゃれます	24. 実感します
25. おとなしい	26. 控えめ	27. かなり	28. けっこう
29. おかげさまで	30. 何と言っても		

四、听写练习

01. パワー	02. サイレン	03. 大型スーパー	04. 態度
05. 行列	06. 大きさ	07. 複雑さ	08. 重要さ
09. 売れ行き	10. アニメ	11. 恥ずかしい	12. 珍しい
13. けっこう	14. 驚きます	15. 何と言っても	16. 評判

单元测试（十一）

もんだい1

[1] 3　　　[2] 4　　　[3] 1　　　[4] 2　　　[5] 4

もんだい2

[1] 3　　　[2] 2　　　[3] 2　　　[4] 1　　　[5] 4

もんだい3

[1] 1　　　[2] 4　　　[3] 1　　　[4] 3　　　[5] 2

第45课

一、请写出假名对应的日语汉字

01. 悩み	02. 市内	03. 田舎	04. 調子
05. 地球	06. 森林	07. 部屋代	08. 売り上げ
09. 交通	10. 人口	11. 少子化	12. 近代化
13. 以前	14. 手軽	15. 急速	16. 曇ります
17. 磨きます	18. 進みます	19. 普及します	20. 雨宿りします

二、请写出日语汉字对应的假名

01. いなか	02. しない	03. まちなみ	04. じかんたい
05. げんだいじん	06. りようしゃ	07. りょこうしゃ	08. きつえんしゃ
09. こうれいしゃ	10. ちゅうしんち	11. へいきんきおん	12. へいきんねんれい
13. れいとうしょくひん	14. すすみます	15. くもります	16. みがきます
17. にます	18. ねんねん	19. きゅうそく	20. てがる

三、请写出中文对应的日语单词或表达

01. あこがれ	02. 悩み	03. 地球	04. 人口
05. 森林	06. 市内	07. 交通	08. 便
09. 調子	10. 田舎	11. よさ	12. アクセス
13. 便	14. 町並み	15. ライトアップします	16. 曇ります
17. 普及します	18. 雨宿りします	19. 磨きます	20. 似ます
21. 進みます	22. 手軽	23. ひどい	24. 軽い物

25. 以前　　　　26. 年々　　　　27. 急速　　　　28. ますます

29. どんどん　　30. なんか

四、听写练习

01. 少子化	02. 調子	03. 町並み	04. 部屋代
05. 時間帯	06. 喫煙者	07. 手軽	08. 地球
09. 売り上げ	10. 冷凍食品	11. 雨宿りします	12. ライトアップします
13. 以前	14. 急速	15. 軽い物	16. 田舎

第46课

一、请写出假名对应的日语汉字

01. 柄	02. 末	03. 初め	04. 毛皮
05. 周り	06. 頭痛	07. 寒気	08. 吐き気
09. 意見	10. 面接	11. 開設	12. 候補地
13. 出来事	14. 本物	15. 半月	16. 枯れます
17. 過ごします	18. 積もります	19. 発送します	20. 緊張します

二、请写出日语汉字对应的假名

01. まわり	02. かじ	03. こうすい	04. ほんもの
05. はんつき	06. さむけ	07. ずつう	08. いけん
09. できごと	10. おまつり	11. みそしる	12. あかるさ
13. けいさつかん	14. おすもうさん	15. すみます	16. かれます
17. のばします	18. すごします	19. すませます	20. きんちょうします

三、请写出中文对应的日语单词或表达

01. 初め	02. レモン	03. せっけん	04. におい
05. 柄	06. 本物	07. 吐き気	08. 面接
09. インタビュー	10. プラン	11. 末	12. お祭り
13. 出来事	14. 家事	15. オートバイ	16. お相撲さん
17. モデル	18. ほほえみます	19. 延ばします	20. 過ごします
21. 積もります	22. 発送します	23. 済みます	24. 済ませます
25. 枯れます	26. 明るさ	27. さわやか	28. まるで
29. いかにも	30. このごろ

四、听写练习

01. レモン 02. 毛皮 03. 周り 04. プラン
05. インタビュー 06. モデル 07. オートバイ 08. 開設
09. せっけん 10. 頭痛 11. 吐き気 12. 出来事
13. 寒気 14. 意見 15. 発送します 16. 面接

第47课

一、请写出假名对应的日语汉字

01. 下見 02. お子さん 03. 先ほど 04. ご存じです
05. 召し上がります 06. ご覧になります 07. 直行します

二、请写出日语汉字对应的假名

01. したみ 02. さきほど 03. おこさん 04. ごぞんじです
05. ちょっこうします 06. ごらんになります 07. めしあがります

三、请写出中文对应的日语单词或表达

01. お子さん 02. スタッフ 03. 下見 04. 先ほど
05. チェックインします 06. 直行します 07. くださいます 08. ご存じです
09. なさいます 10. 召し上がります 11. おっしゃいます 12. ご覧になります
13. いらっしゃいます / おいでになります

四、听写练习

01. スタッフ 02. 下見 03. お子さん 04. 先ほど
05. なさいます 06. くださいます 07. ご存じです 08. おっしゃいます
09. いらっしゃいます 10. 召し上がります 11. ご覧になります 12. おいでになります
13. 直行します 14. チェックインします

第48课

一、请写出假名对应的日语汉字

01. 社　　　　　　02. 者　　　　　　03. 傷　　　　　　04. 明日

05. 指導　　　　　06. 実は　　　　　07. 昨日　　　　　08. 私

09. 弊社　　　　　10. 新車　　　　　11. この度　　　　12. 貴重

13. 突然　　　　　14. 明日　　　　　15. 応接室　　　　16. 案内状

17. 世話します　　18. 期待します　　19. 拝見します　　20. 承知します

二、请写出日语汉字对应的假名

01. もの　　　　　02. きず　　　　　03. きちょう　　　04. へいしゃ

05. わたくしども　06. ただいま　　　07. このたび　　　08. しょうしょう

09. おうせつしつ　10. あんないじょう　11. にゅうがくあんない　12. うかがいます

13. まいります　　14. すすめます　　15. さしあげます　　16. ぞんじています

17. しょうちします　18. せわします　　19. きたいします　　20. はいけんします

三、请写出中文对应的日语单词或表达

01. 私ども　　　　02. 社　　　　　　03. 弊社　　　　　04. 者

05. 新車　　　　　06. 傷　　　　　　07. この度　　　　08. 指導

09. おつり　　　　10. 入学案内　　　11. おります　　　12. ございます

13. 承知します　　14. 期待します　　15. 世話します　　16. 進めます

17. 差し上げます　18. 拝見します　　19. 存じています　20. いたします

21. まいります　　22. 伺います　　　23. いただきます　24. 突然

25. 少々　　　　　26. 実は　　　　　27. 応接室　　　　28. 申し訳ございません

29. 貴重　　　　　30. ただ今

四、听写练习

01. 私　　　　　　02. 明日　　　　　03. 明日　　　　　04. 昨日

05. 指導　　　　　06. 伺います　　　07. 進めます　　　08. 応接室

09. 貴重　　　　　10. 実は　　　　　11. 拝見します　　12. 少々

13. 弊社　　　　　14. この度　　　　15. 突然　　　　　16. ただ今

单元测试（十二）

もんだい1

[1] 3　　　　[2] 4　　　　[3] 3　　　　[4] 2　　　　[5] 4

もんだい2

[1] 1　　　　[2] 4　　　　[3] 2　　　　[4] 4　　　　[5] 3

もんだい3

[1] 4　　　　[2] 1　　　　[3] 4　　　　[4] 2　　　　[5] 1

N4 文字、词汇模拟题（一）

もんだい1

[1] 3　　　　[2] 4　　　　[3] 2　　　　[4] 3　　　　[5] 1
[6] 4　　　　[7] 1　　　　[8] 2　　　　[9] 1

もんだい2

[1] 2　　　　[2] 4　　　　[3] 4　　　　[4] 3　　　　[5] 1　　　　[6] 2

もんだい3

[1] 3　　　　[2] 2　　　　[3] 1　　　　[4] 2　　　　[5] 4
[6] 3　　　　[7] 2　　　　[8] 3　　　　[9] 1

もんだい4

[1] 1　　　　[2] 3　　　　[3] 2　　　　[4] 4　　　　[5] 4

もんだい5

[1] 2　　　　[2] 4　　　　[3] 2　　　　[4] 1　　　　[5] 3

N4 文字、词汇模拟题（二）

もんだい1

[1] 2　　　　[2] 1　　　　[3] 3　　　　[4] 4　　　　[5] 2
[6] 4　　　　[7] 3　　　　[8] 3　　　　[9] 1

もんだい2

[1] 4 [2] 3 [3] 2 [4] 1 [5] 2 [6] 3

もんだい3

[1] 1 [2] 3 [3] 2 [4] 3 [5] 1
[6] 3 [7] 2 [8] 1 [9] 4

もんだい4

[1] 4 [2] 1 [3] 3 [4] 2 [5] 3

もんだい5

[1] 2 [2] 4 [3] 3 [4] 4 [5] 1

图书在版编目（CIP）数据

标准日语初级词汇．刷词手册 / 新东方日语研究中心编著．—北京：世界图书出版有限公司北京分公司，2023.6（2024.4 重印）

ISBN 978-7-5232-0391-0

Ⅰ．①标…　Ⅱ．①新…　Ⅲ．①日语－词汇－自学参考资料　Ⅳ．① H363

中国版本图书馆 CIP 数据核字 (2023) 第 075546 号

书　　　名	标准日语初级词汇：刷词手册
	BIAOZHUN RIYU CHUJI CIHUI
编　　　著	新东方日语研究中心
责任编辑	梁沁宁
责任校对	王　鑫
封面设计	李　倩
版式设计	申海风

出版发行	世界图书出版有限公司北京分公司
地　　　址	北京市东城区朝内大街 137 号
邮　　　编	100010
电　　　话	010-64038355（发行）　64033507（总编室）
网　　　址	http://www.wpcbj.com.cn
邮　　　箱	wpcbjst@vip.163.com
销　　　售	新华书店
印　　　刷	天津盛辉印刷有限公司
开　　　本	787mm×1092mm　1/16
印　　　张	18
字　　　数	269 千字
版　　　次	2023 年 6 月第 1 版
印　　　次	2024 年 4 月第 2 次印刷
国际书号	ISBN 978-7-5232-0391-0
定　　　价	54.80 元（含上、下册）